Hör-Manager

Hörmaterialien
für die Niveaustufen
A1 - A2 - B1 - B2

HÖR-MANAGER - Hörmaterialien A1-A2-B1-B2

adaptiert von: Andrea Näfken

Redaktion: Spiros Koukidis - Artemis Maier

Layout: Helene Koukidis

Umschlag: Georges Bréhier

Foto: Robert Stümpke
      Produkt - Sieveking Sound Kopfhörerständer Omega

ISBN: 978-960-8261-76-1

Das Lehrwerk „HÖR-MANAGER" besteht aus:

- Lehrbuch mit eingelegter mp3-CD

Vertrieb: Praxis-Verlag, Elasidon 30, GR 11854 Athen
        Tel. (+30) 210 3626876, Fax (+30) 210 3628124
        E-Mail: info@praxis.gr • Website: www.praxis.gr

Das Werk und seine Teile sind urheberrechtlich geschützt.
Jede Verwendung in anderen als den gesetzlich zugelassenen Fällen bedarf der vorherigen schriftlichen Zusage des Verlages.

2. Auflage 2015 (mp3-Ausgabe)

© The Greek version: 2010 Praxis-Verlag, Athens
© The Swedish version: 2006 Sven-Gunnar Winell, Per Blomqvist and Liber AB, Stockholm

Printed in Greece

VORWORT

Der **HÖR-Manager** enthält eine Reihe von didaktisierten aktuellen Hörtexten in aufsteigendem Schwierigkeitsgrad. Die insgesamt 45 Hörtexte zeichnen sich durch große Themenvielfalt aus und können parallel zu jedem kurstragenden Lehrwerk von A2- bis B2-Niveau bearbeitet werden. Die ersten 6 leichteren Texte auf A1-Niveau üben das Zahlenverständnis und sind deshalb jederzeit sinnvoll einsetzbar. Werfen Sie auf jeden Fall, bevor Sie die Arbeit mit diesem Buch beginnen, einen guten Blick ins Inhaltsverzeichnis (S. 5 – 6), damit Sie sich einen Überblick über das gesamte Angebot verschaffen.

Die Didaktisierung der Hörtexte bietet abwechslungsreiche Aufgaben *vor* dem Hören, *während* des Hörens und auch *nach* dem Hören. Somit wird nicht nur die Hörfertigkeit geübt, sondern auch, und zwar besonders intensiv, die Sprechfertigkeit. Die Systematisierung und Anreicherung des Wortschatzes ergibt sich dabei zwangsläufig.

Der **HÖR-Manager** ist sowohl für die Arbeit in der Klasse als auch fürs Selbststudium geeignet. Die Hörtexte sind von der Dauer und der Didaktisierung her unterschiedlich lang. Außerdem lassen sie sich problemlos sequentieren, so dass man als Lehrer oder Lerner jede sich bietende zeitliche Lücke im Unterricht damit optimal füllen kann.

Viel Spaß bei der Arbeit mit dem **HÖR-Manager**!

Athen, im September 2015   Das Praxis-Team

INHALTSVERZEICHNIS & Track-Manager

Seite	Aufgabenblatt	Titel	Themenbereich(e)	Track	Spieldauer
7	1	„Einsteigen bitte!"	Zahlen, öffentliche Verkehrsmittel	2	2:45
8	2	Lotto spielen: 6 aus 49	Zahlen	3	2:00
9	3	Was gibt´s heute Abend im Fernsehen?	Uhrzeiten, Fernsehen	4	1:35
10	4	Tournee mit der Gruppe „Rammstein"	Datum	5	2:00
11	5	Gespräche mit der Auskunft	Auskünfte am Telefon	6	4:10
13	6	Alltagssituationen (1)	Einkaufen, Restaurantbesuch, Hotel	7	3:38
17	7	„Was ist denn passiert?"	Gesundheit	8	0:45
18	8	„Entschuldigung, wo liegt die Goethestraße?	Wegbeschreibung	9	2:25
19	9	„Herzlichen Glückwunsch zum Geburtstag!"	Feiern	10	1:53
20	10	„Mathe ist mein Lieblingsfach."	Schule und Beruf	11	3:20
22	11	Alltagssituationen (2)	Einkaufen, Reisen	12	3:50
23	12	Paul, Olga und Tim – drei Berliner Studenten	Angaben zur Person, Geburtstage	13	3:55
25	13	„Was macht ihr am Samstag?"	Freizeit	14	1:15
27	14	Deutschland, Österreich und die Schweiz stellen sich kurz vor	Geschichte, Tourismus, Politik	15	11:50
31	15	Berliner City-Tour	Reisen, Tourismus, Politik	16	10:15
34	16	Salzburg – die Stadt der Festspiele	Geschichte, Tourismus, Kultur	17	3:35
36	17	„Bärn, i ha di gern (Bern ich hab` dich gern)"	Geschichte, Kultur	18	4:35
37	18	Ein Jahr in Stockholm	Ausbildung	19	1:55
38	19	Kurze Nachrichten und Mitteilungen	Alltagssituationen	20	4:00
39	20	Allaa und Sevkan, Schülerinnen an der Robert-Koch-Schule, erzählen	Familie, Schule/Ausbildung, Freizeit	21	11:05
41	21	Nachrichten (1)	Alltagssituationen	22	2:50
42	22	„Ohne Fußball würde ich zusammenbrechen."	Sport	23	5:30
43	23	Wovon wird gesprochen?	Personenbeschreibung, Reisen	24	2:50

Seite	Aufgaben-blatt	Titel	Themenbereich(e)	Track	Spiel-dauer
44	24	Fabians Tagebuch	Tagesablauf	25	3:50
46	25	„Nur im Südosten zeigt sich die Sonne." – Ein Wetterbericht	Wetter	26	1:00
48	26	„Schlafen Sie gut?"	Gesundheit	27	2:00
49	27	„Suchen Sie einen Partner?"	Charaktereigenschaften, Freizeit	28	3:15
50	28	Nachrichten (2)	Gesellschaft	29	6:20
52	29	Julia aus Wien	Familie, Schule/Ausbildung, Freizeit	30	5:45
54	30	Am Telefon	Auskünfte am Telefon	31	4:10
55	31	Radio-Werbespots	Werbung	32	3:30
56	32	Ein besonderes Event: Besuch im Dunkelrestaurant „unsicht-Bar" in Berlin	Ausgehen	33	4:20
58	33	„Kein Mitleid zeigen." – Ein Gespräch mit Sandy Lehmann	Gesellschaft	34	6:10
59	34	Ingeborg Zechner, eine 16-jährige Schülerin aus Österreich, stellt sich vor	Schule, Sport	35	4:30
60	35	„Betteln hört sich so furchtbar an."	Gesellschaft, Außenseiter	36	3:40
62	36	München – schön, aber teuer."	Wohnen, Freizeit	37	2:54
63	37	Nachrichten (3)	Alltagssituationen	38	5:50
65	38	In der Stadt oder auf dem Land wohnen?	Wohnen	39	5:35
67	39	Auf Wohnungssuche	Wohnen	40	3:35
69	40	Unser Team braucht Verstärkung – zehn Stellenanzeigen	Beruf	41	2:58
70	41	„Sind Sie mit Ihrem Beruf zufrieden?"	Beruf, Arbeit	42	4:35
71	42	Helgoland – der rote Felsen	Geografie	43	2:20
73	43	„Wien, Wien, nur du allein …"	Geschichte, Tourismus, Kultur	44	5:45
75	44	Nachts wandern für mehr Sicherheit	Gesellschaft, Kriminalität	45	3:20
77	45	„Sterben müssen alle einmal."	Rauchen	46	2:10
78		Transkription der Hörtexte			
102		Lösungsschlüssel			

HÖR-MANAGER

Aufgabenblatt **1**

Track 2

"Einsteigen bitte!"

A1

- **Aufgabe während des Hörens**

Sie fahren in Berlin mit der S-Bahn-Linie 5 und hören folgende Ansagen. Ergänzen Sie die fehlenden Informationen.

– Einsteigen bitte!

– Zurückbleiben bitte!

– Nächste Station: Alexanderplatz. Übergang zu den U-Bahnlinien 3, _____, 8, zur S-Bahnlinie _____ und zum Regionalverkehr. Ausstieg links.

– Nächste Station: Friedrichstraße. Übergang zu den S-Bahnlinien 1, 2, _____, 33, _____ und zu der U-Bahnlinie 6. Ausstieg links.

– Nächste Station: Charlottenburg. Übergang zu der U-Bahnlinie 7 und zur Busverbindung zum _____ Tegel. Ausstieg links.

– Nächste Station: Westkreuz. Übergang zu den S-Bahnlinien _____, 45, _____, 67 und _____ und zur U-Bahnlinie _____. Ausstieg links.

– Nächste Station: _____. Ausstieg links.

– Nächste Station: Spandau, Endstation. Alle aussteigen! Der Zug endet hier. Übergang zur U-Bahnlinie 7 und zum Regional- und Fernverkehr. Ausstieg _____.

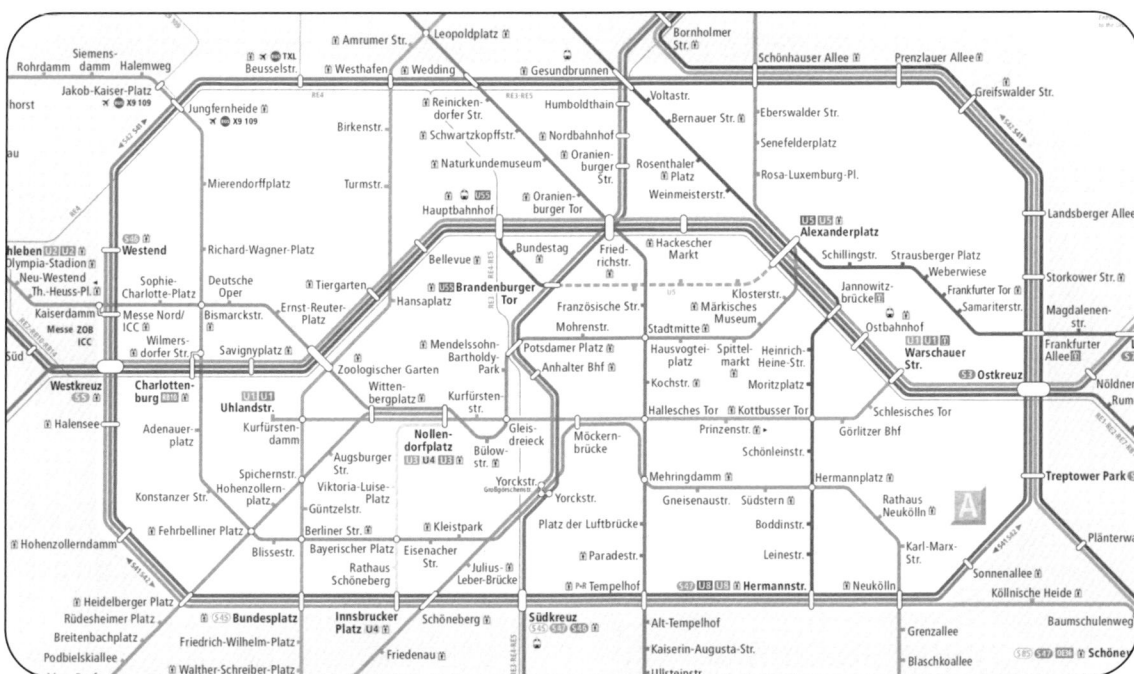

© Praxis

7

HÖR-MANAGER

Aufgabenblatt 2

 Track 3

A1

Lotto spielen: 6 aus 49

- **Aufgabe während des Hörens**

  Im Radio hören Sie die Lottozahlen von vier Ziehungen. Jedes Mal werden 6 Gewinnzahlen und eine Zusatzzahl gezogen. Welche Zahlen hören Sie? Kreuzen Sie an.

Ziehung 1

1	2	3	4	5	6	7
8	9	10	11	12	13	14
15	16	17	18	19	20	21
22	23	24	25	26	27	28
29	30	31	32	33	34	35
36	37	38	39	40	41	42
43	44	45	46	47	48	49

Ziehung 2

1	2	3	4	5	6	7
8	9	10	11	12	13	14
15	16	17	18	19	20	21
22	23	24	25	26	27	28
29	30	31	32	33	34	35
36	37	38	39	40	41	42
43	44	45	46	47	48	49

Ziehung 3

1	2	3	4	5	6	7
8	9	10	11	12	13	14
15	16	17	18	19	20	21
22	23	24	25	26	27	28
29	30	31	32	33	34	35
36	37	38	39	40	41	42
43	44	45	46	47	48	49

Ziehung 4

1	2	3	4	5	6	7
8	9	10	11	12	13	14
15	16	17	18	19	20	21
22	23	24	25	26	27	28
29	30	31	32	33	34	35
36	37	38	39	40	41	42
43	44	45	46	47	48	49

© Praxis

HÖR-MANAGER

Aufgabenblatt 3

A1

Was gibt's heute Abend im Fernsehen?

- **Aufgabe während des Hörens**

  Sie hören nun das heutige Programm vom ZDF (Zweites Deutsches Fernsehen). Notieren Sie, um wie viel Uhr die verschiedenen Sendungen beginnen.

  ① _____ Heute (Nachrichten)

  ② _____ Wetter

  ③ _____ Der Fürst und das Mädchen, Serie, Deutschland 2004

  ④ _____ Mr. Bean 4 – Mr. Bean geht in die Stadt, Fernsehserie, Großbritannien 1990

  ⑤ _____ Wenn Menschen einfach verschwinden, Film von Claus Hanischdörfer

  ⑥ _____ Heute-Journal (Nachrichten)

  ⑦ _____ Wetter

  ⑧ _____ Berlin Mitte, Talkshow mit Maybrit Illner

  ⑨ _____ Ein unmöglicher Mann, Krimi-Serie, Deutschland 2005

  ⑩ _____ Heute Nacht (Nachrichten)

- **Aufgabe nach dem Hören**

  Erzählen Sie: Wann, wie oft, welche Sendungen sehen Sie?

  e Quizsendung, -en

  am Wochenende

  die Nachrichten (Pl.)

  von ... bis ... Uhr

  e Talkshow, -s

  r Krimi, -s

  ... Stunden am Tag / in der Woche

  e Sportsendung, -en

  die Reality-Show, -s

  r Spielfilm, -e

  e Dokumentation, -en

  am Nachmittag, am Abend, ...

© Praxis

HÖR-MANAGER

Aufgabenblatt 4

Track 5

Tournee mit der Gruppe „Rammstein"

A1

- **Aufgabe während des Hörens**

  Im Februar und März macht die deutsche Band „Rammstein" eine Tournee durch Deutschland, Österreich und die Schweiz. Tragen Sie die Daten des Tourneeplans in die Karte ein.

- **Aufgabe nach dem Hören**

  1. Bringen Sie Veranstaltungsprogramme (Kino, Konzerte, Ausstellungen, ...) mit in den Unterricht und diktieren Sie sich gegenseitig: Wer / Was? Wann? Wo?

Wer / Was?	Wann?	Wo?
Picasso-Ausstellung	15.4. – 15.5.	Neue Pinakothek

  2. Internet-Recherche: Informieren Sie sich über „Rammstein". Diskutieren Sie (auch in Ihrer Muttersprache) über diese Gruppe.

© Praxis

HÖR-MANAGER

Aufgabenblatt **5**

 Track 6

Gespräche mit der Auskunft

A1

- **Aufgabe vor dem Hören**

  Was bedeuten die folgenden Wörter?

  1. die Auskunft
  2. die Rufnummer / die Telefonnummer
  3. die Vorwahl
  4. verbinden

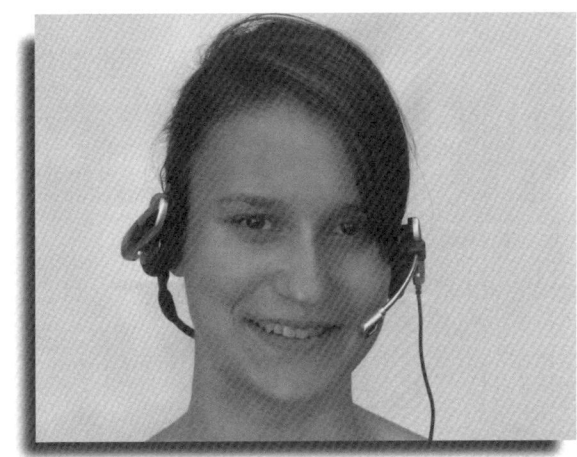

- **Aufgabe während des Hörens**

  Telefonauskunft: Sie hören drei Personen, die die Auskunft in Deutschland anrufen.

  1. Hören Sie die 3 Telefongespräche und ergänzen Sie die Informationen.

	Der Anrufer möchte wen oder was?	Wie ist die Telefonnummer?
GESPRÄCH 1	Carsten Fischer	
GESPRÄCH 2		
GESPRÄCH 3		

  2. Welche Telefonnummer hat ...

     a. die Inlandsauskunft? (Gespräche 1+3) _____

     b. die Auslandsauskunft? (Gespräch 2) _____

- **Aufgabe nach dem Hören**

  1. Partnerarbeit: Einen Dialog lesen.

  Frau Kunze: 11833. Sie sprechen mit Claudia Kunze. Guten Tag.

  Kunde: Guten Tag. Könnten Sie mir bitte die Telefonnummer von Carsten Fischer in München geben?

  Frau Kunze: Wird Carsten mit „K" oder „C" geschrieben?

  Kunde: Mit „C".

  Frau Kunze: Die Telefonnummer wird Ihnen angesagt.

  ⇨

© Praxis

HÖR-MANAGER

Aufgabenblatt 5

A1

Kunde:	Entschuldigung, könnten Sie mir bitte auch noch die genaue Anschrift durchgeben?
Frau Kunze:	Ja, das ist Winterstraße 17.
Kunde:	Danke.
Frau Kunze:	Die Telefonnummer wird Ihnen angesagt. Darf ich Sie anschließend gleich mit der Nummer verbinden?
Kunde:	Ja, bitte.
Frau Kunze:	Auf Wiederhören.
Kunde:	Auf Wiederhören.
Ansage:	Wir verbinden Sie mit der Nummer: 089 68 72 08 65

2. Dialoge üben: andere Personen, andere Telefonnummern.

Restaurant „Marché"
Kurfürstendamm 15, Berlin
Vorwahl Rufnummer
030 371 35 35

Martin Kiesler
Schlossstraße 123, Hamburg
Vorwahl Rufnummer
040 661 94 88

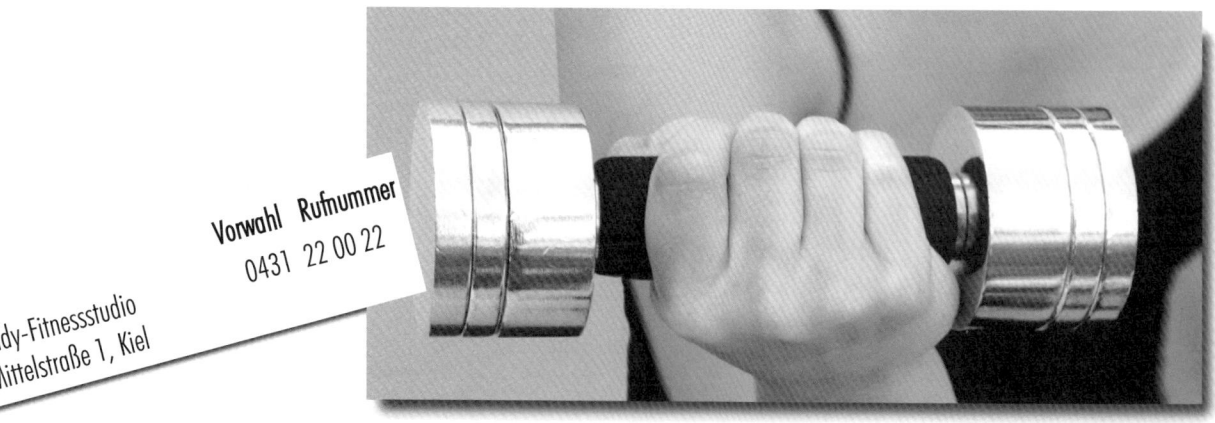

Lady-Fitnessstudio
Mittelstraße 1, Kiel
Vorwahl Rufnummer
0431 22 00 22

© Praxis

HÖR-MANAGER

Aufgabenblatt 6

 Track 7

Alltagssituationen (1)

A1

- **Aufgabe vor dem Hören**

Wie teuer sind die verschiedenen Dinge?

0. T-Shirt: 7,50 €
   Das T-Shirt kostet sieben Euro fünfzig.
1. Stück Käsekuchen: 2,75 €
2. 2 Currywürste mit Pommes frites und 1 Softdrink: nur 5,99 €
3. Schnurlos-Telefon: 99,95 €
4. Matratzen: ab 134 €
5. Lesebrille: 12,65 €
6. Rucksack: 59,60 €
7. Jogging-Schuhe: 66 €
8. Pizza „Amore": 6,50 €
9. Flugticket Frankfurt – New York: 498 € plus 151 € Steuern
10. Doppelzimmer im Hotel: 68 €

- **Aufgabe während des Hörens**

Sie hören drei Dialoge.

DIALOG 1

Kreuzen Sie an.

1. Wo spielt der Dialog?
   - [a] an einer Universität
   - [b] in einer Apotheke
   - [c] in einem Büro

2. Wie viele Aspirin-Tabletten kauft der Kunde?
   - [a] 12
   - [b] 20
   - [c] 200

3. Wie viel kosten die Tabletten?
   - [a] 7,75 €
   - [b] 5,57 €
   - [c] 2,25 €

© Praxis

HÖR-MANAGER

Aufgabenblatt 6

DIALOG 2

Lesen Sie zuerst die Fragen. Hören Sie dann den Dialog zweimal und ergänzen Sie die Sätze.

1. Was bestellt ...
   a. Nicole?
      Sie bestellt _____.
   b. Michael?
      Er bestellt _____.

2. Zahlen Sie zusammen oder getrennt?
   Sie zahlen _____.

3. Wie viel zahlen sie insgesamt? _____.

4. Was sagt die Bedienung am Ende des Dialogs?
   "_____."

DIALOG 3

Partnerarbeit: Sie hören den Dialog zweimal. Bearbeiten Sie beim ersten Hören oder danach die Fragen.

1. Aus wie vielen Personen besteht die Familie? _____.
2. Für wie viele Nächte will die Familie ein Zimmer? _____.
3. Wie viel kostet das Zimmer? Ist der Preis mit oder ohne Frühstück?
   Es kostet _____ *Euro die Nacht* _____ *Frühstück.*
4. Wo befindet sich der Frühstücksraum?
   Er befindet sich auf _____.
5. Bis wann muss die Familie das Zimmer geräumt haben?
   Kreuzen Sie an.
   [a] bis 10 Uhr   [b] bis 9 Uhr   [c] bis 11 Uhr
6. Wie sieht es mit den Parkmöglichkeiten aus? Kreuzen Sie an.
   [a] Es gibt keine Parkmöglichkeiten in der Nähe.
   [b] Es gibt Parkmöglichkeiten, aber die Gebühr ist sehr hoch.
   [c] Eine Querstraße weiter gibt es Parkmöglichkeiten.
      Das Parken kostet nichts.
7. Wie muss die Familie das Zimmer bezahlen? Kreuzen Sie an.
   [a] Sie muss bar bezahlen.
   [b] Sie kann mit Kreditkarte bezahlen.

HÖR-MANAGER

Aufgabenblatt 6

A1

- Aufgabe nach dem Hören (Teil 1)

Ergänzen Sie die Lücken mit den richtigen Wörtern aus dem Kasten. Drei Wörter bleiben übrig. Hören Sie dann zur Kontrolle Dialog 3 noch einmal.

```
bleiben – Doppelzimmerpreis – Etage – Gang – Kilometer –
Kindern – Minuten – Nacht – noch – nur – parken –
Querstraße – Vielen – vier – wann – wieder – zu – zwei
```

Herr Wolf:	Guten Abend.
Wirt:	Grüß Gott.
Herr Wolf:	Haben Sie _____ (1) ein Zimmer frei für eine Familie mit zwei _____ (2)?
Wirt:	Das habe ich frei, ja. Für eine _____ (3) oder wie lange wollen Sie _____ (4)?
Herr Wolf:	Für eine Nacht. Wir fahren morgen _____ (5). Wie viel kostet das?
Wirt:	Wie alt sind die Kinder?
Herr Wolf:	Die sind _____ (6) und sieben.
Wirt:	Für kleine Kinder verlangen wir nichts. Dann berechnen wir den _____ (7), das sind 62 € die Nacht mit Frühstück. Toilette und Dusche sind bei uns auf dem _____ (8).
Herr Wolf:	Das klingt ja nicht schlecht. Und wann gibt's morgen Frühstück?
Wirt:	Von 8 Uhr bis 10 Uhr. Der Frühstücksraum ist hier auf dieser _____ (9).
Herr Wolf:	Bis _____ (10) müssen wir denn aus dem Zimmer raus sein?
Wirt:	Bis 11 Uhr sollten Sie das Zimmer geräumt haben.
Herr Wolf:	Wir sind mit dem Auto da. Kann man hier irgendwo _____ (11)?
Wirt:	Ja, ich habe hier einen Umgebungsplan. Die Parkmöglichkeiten wären hier gebührenfrei. Es ist eine _____ (12) weiter, aber es sind keine fünf _____ (13) zu laufen.
Herr Wolf:	Nehmen Sie Kreditkarten?
Wirt:	Nein, wir nehmen _____ (14) Barzahlung.
Herr Wolf:	Gut. Ja, dann machen wir das so. _____ (15) Dank.
Wirt:	Bitte schön.

© Praxis

HÖR-MANAGER

Aufgabenblatt 6

A1

- **Aufgabe nach dem Hören (Teil 2)**

Lesen Sie die Situationen 1–5. Lesen Sie dann die Anzeigen A–E. Welche Anzeige passt am besten zu welcher Situation? Eine Anzeige passt nicht. Schreiben Sie für diese Situation „0".

SITUATIONEN

1. Sie überlegen, dieses Jahr mit Ihrer Familie zusammen mal wieder Winterurlaub zu machen, denn Ihre Kinder möchten gerne Ski fahren.
2. Sie möchten sich einen Laptop kaufen, aber Sie wollen nicht mehr als 350 Euro ausgeben.
3. Zusammen mit drei Freunden suchen Sie etwas Passendes für einen Insel-Urlaub.
4. Die Tochter Ihrer Freundin hat in der Schule Probleme mit Französisch. Sie braucht unbedingt Nachhilfeunterricht.
5. Ihre 15-jährige Nichte braucht unbedingt Nachhilfeunterricht in Mathe. Der Lehrer soll nach Hause kommen.

A
Laptop Esprit Mobile, Mod. 5535, 1.87 Ghz, 768 MB RAM, 15,4 ", WIMXP, Fujitsu Siemens, 2 Jahre alt, 14 Monate Garantie

Preis: 290 Euro
Tel.: 06183 5499
63526 Erlensee

B
Ihre private Ferienhaus-Vermietung auf den Kanarischen Inseln. Private Ferienhäuser und Ferienwohnungen auf Teneriffa, Gran Canaria und Fuerteventura, ruhig und direkt am Meer gelegen, abseits von Touristenzentren. Urlaub für Individualisten. Idealer Ausgangspunkt zum Wandern, Surfen, Segeln, Klettern oder Tauchen.
hola@yahoo.com

C
Herzlich willkommen im Schlossberg Hotel Oberhof.
*Genießen Sie Ihren Urlaub in ruhiger, entspannter Atmosphäre im familiären 3-Sterne-**Hotel in Oberhof** im bekannten Wintersportort Oberhof im wunderschönen Thüringen. Unser Hotel liegt zentral im Ort. Tolle Freizeitmöglichkeiten: Ski, Wandern, Nordic-Walking u.a.*
info@schlossberghotel-oberhof.de 036842/5299-0 (täglich 9-19 Uhr)

D
Lehrerin
unterrichtet Englisch, Französisch, Latein, Deutsch bis 10. Klasse.
Ich komme auch ins Haus.

Preis: Verhandlungssache
Telefon: 0339 36100987

E
Hausaufgabenbetreuung Nymphenburg
Suche für meine Tochter, Naturwissenschaftliches Gymnasium Klasse 9, dringend Lehrer für Mathe, Deutsch, Französisch. Täglich 2 Stunden von 15 Uhr bis 17 Uhr. Sehr gute Bezahlung.
80639 München   089 45 221 98

Situation	1	2	3	4	5
Anzeige					

© Praxis

HÖR-MANAGER

Aufgabenblatt 7

 Track 8

A2

„Was ist denn passiert?"

- **Aufgabe vor dem Hören**

Lesen Sie die Sätze und ordnen Sie den Dialog.

- ● Weißt du, wie lange er im Krankenhaus bleiben muss? ○
- ▲ Okay, dann kaufe ich ihm ein kleines Geschenk. ○
- ● Was ist denn passiert? ○
- ▲ Ich weiß nicht, aber sicher ein paar Wochen. ○
- ● Wir können uns ja um 7 vor dem Krankenhaus treffen. ○
- ● Weißt du, ob Stefan heute kommt? ①
- ● Dann müssen wir ihn besuchen. Kannst du heute Abend? ○
- ▲ Nein, er kommt nicht. Er hatte gestern einen Unfall. ②
- ▲ Ja, und wann? ○
- ▲ Er hat sich beim Skifahren ein Bein gebrochen. ○
- ▲ Ja, er musste sofort operiert werden. ○
- ● O je, ist er im Krankenhaus? ○

- **Aufgabe während des Hörens**

Hören Sie den Dialog und vergleichen Sie.

- ● Weißt du, ob Stefan heute kommt?
- ▲ Nein, er kommt nicht. ...

- **Aufgabe nach dem Hören**

Partnerarbeit: Spielen Sie den Dialog in der Klasse vor. Überlegen Sie: Was kann das „kleine Geschenk" sein?

 ein Buch

 eine CD

 ein Blumenstrauß

 ...

Welches Geschenk kaufen Sie für Stefan und warum?

© Praxis

HÖR-MANAGER

Aufgabenblatt **8**

„Entschuldigung, wo liegt die Goethestraße?"

A2

- **Aufgabe während des Hörens**

  In der kleinen Stadt Mölln in Norddeutschland fragen vier Touristen nach dem Weg.

  1. Hören Sie die Texte. Wohin wollen die vier Personen?

     a. zur Bank
     b. zur Hindenburgstraße
     c. zum Postamt
     d. in die / zur Goethestraße

     e. zum Waidmannsplatz
     f. zum Bahnhof
     g. in die / zur Mittelstraße
     h. zum Krankenhaus

TOURIST 1	TOURIST 2	TOURIST 3	TOURIST 4

  2. Sie sind an der Kreuzung Lange Straße / Gudower Weg (**X**).

     a. Hören Sie die Dialoge noch einmal.
     b. Finden Sie zwei Wege auf der Karte und zeichnen Sie sie mit verschiedenen Farben ein.

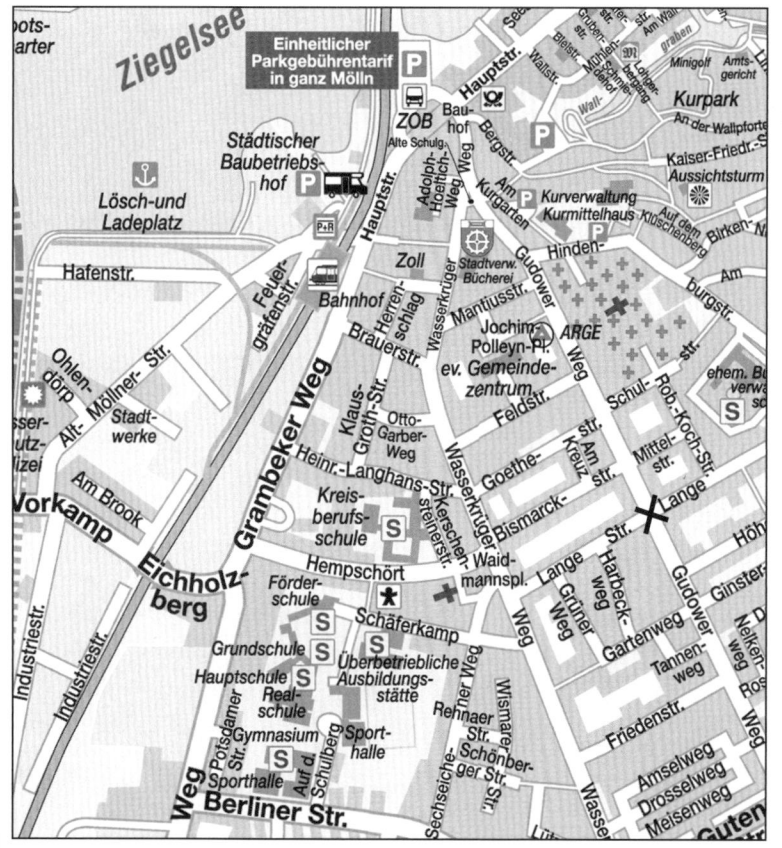

- **Aufgabe nach dem Hören**

  Wählen Sie einen Weg aus und schreiben Sie einen Dialog.

  a. Sie stehen vor dem Postamt in der Hauptstraße und fragen nach der Heinrich-Langhans-Straße.

  b. Sie befinden sich in der Schulstraße und fragen nach der Brauerstraße.

  c. Sie sind am Bahnhof und wollen zur Mittelstraße.

© Praxis

HÖR-MANAGER

Aufgabenblatt 9

A2

 Track 10 „Herzlichen Glückwunsch zum Geburtstag!"

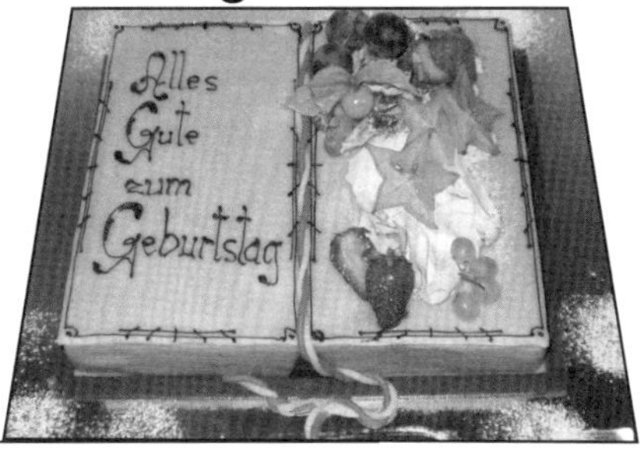

- **Aufgabe während des Hörens**

  *Sandra wird 17. Björn ruft sie an, um ihr zu gratulieren.
  Hören Sie das Telefongespräch und beantworten Sie die Fragen.*

  1. Was hat Sandra gestern Abend gemacht?
  _____

  2. Was hat Sandra gestern geschenkt bekommen?
  _____

  3. Wie will sie heute feiern?
  _____

- **Aufgabe nach dem Hören**

  *Wenn jemand Geburtstag hat, sagt man z.B. „Herzlichen Glückwunsch!"
  und „Alles Gute für das neue Lebensjahr!"*

  *Wann verwendet man die folgenden Ausdrücke?
  Manchmal passen auch zwei.*

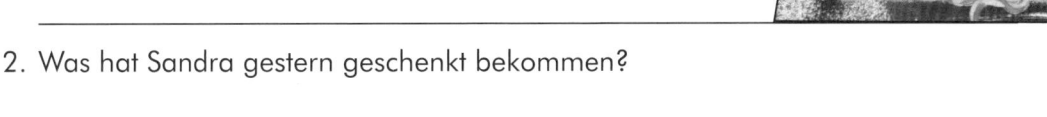

  a. Schönes Wochenende!
  b. Gesundheit!
  c. Herzliches Beileid!
  d. Gute Besserung!
  e. Auf Wiedersehen!
  f. Viel Spaß!
  g. Gute Nacht! Schlaf gut!
  h. Herzlichen Glückwunsch!
  i. Tschüss!
  j. Amüsier dich gut!
  k. Ich gratuliere dir!
  l. Guten Appetit!
  m. Prost!

  Was sagt man, wenn ...

  1. ... jemand niest?
  2. ... jemand krank ist?
  3. ... jemand sich verabschiedet?
  4. ... jemand seine Arbeit am Freitag beendet?
  5. ... jemand gestorben ist?
  6. ... jemand zu Bett geht?
  7. ... jemand eine Prüfung bestanden hat?
  8. ... jemand zu einer Party geht?
  9. ... jemand mit anderen zusammen an einem Tisch isst?
  10. ... jemand in einer Kneipe mit anderen anstößt?

© Praxis

HÖR-MANAGER

Aufgabenblatt 10

„Mathe ist mein Lieblingsfach."

- **Aufgabe vor dem Hören**

   *Wie findest du / fanden Sie die Schule? (Lehrer, Lieblingsfächer, Klassenarbeiten, ...).
   Erzähle / Erzählen Sie.*

- **Aufgabe während des Hörens**

   Zwei Schüler erzählen.

   In den folgenden Texten erfahren Sie etwas über Nina Kramer (15) und Tim Kantelberg (15). Beide wohnen in Berlin und gehen dort zur Schule – Nina ins Gymnasium, Tim in die Realschule.

   Hören Sie jeden Text zweimal.

   ### NINA

   1. Welche drei Fremdsprachen lernt Nina?

      a. _____

      b. _____

      c. _____

   2. Warum ist Nina so gut in Mathe?

      _____

   3. Warum findet sie es besser, dass der Bruder ihr bei den Hausaufgaben hilft?

      _____

   4. Welche anderen Interessen hat Nina? (2 Angaben)

      a. _____

      b. _____

   5. Was kauft sie von ihrem Taschengeld?

      _____

   6. Was möchte Nina später von Beruf werden?

      _____

HÖR-MANAGER

Aufgabenblatt 10

A2

TIM

7. Warum ist Tim so schlecht in der Schule?

   _____

8. Wie viele Stunden Unterricht hat er in der Woche?

   _____

9. Was sagt er über seine Eltern?

   _____

10. Was macht Tim in seiner Freizeit? (2 Angaben)

    a. _____

    b. _____

11. Was sagt er über seine Zukunft? Welchen Beruf lernt er vielleicht?

    _____

- **Aufgabe nach dem Hören**

  Umgangs- und Jugendsprache

  Was bedeuten diese Ausdrücke? Ordnen Sie zu.

  1. s Hass-Fach
  2. etw. nicht kapieren
  3. auf etw. (keinen) Bock haben
  4. den Klassenclown machen
  5. das absolute Lieblingsfach
  6. es bringt nichts

  a. auf etw. (keine) Lust haben
  b. das Fach, das einem am besten gefällt
  c. es führt zu keinem positiven Ergebnis
  d. das Fach, das man am schlimmsten findet
  e. Quatsch / Unsinn machen
  f. etw. nicht verstehen

1	2	3	4	5	6
d					

© Praxis

21

HÖR-MANAGER

Aufgabenblatt 11

 Track 12

Alltagssituationen (2)

A2

- **Aufgabe während des Hörens**

  1. Sie hören drei Durchsagen. Wo ist das? Verbinden Sie.

	a. im Kino
DURCHSAGE 1	b. am Flughafen
	c. im Kaufhaus
DURCHSAGE 2	d. im Hotel
DURCHSAGE 3	e. am Hauptbahnhof
	f. im Krankenhaus

  2. Sie hören die Durchsagen noch einmal. Kreuzen Sie die richtigen Aussagen an.

     DURCHSAGE 1
     ☐ Man sucht einen Mitarbeiter.
     ☐ Das Kaufhaus schließt gleich.

     DURCHSAGE 2
     ☐ Der Zug kommt um 15.20 Uhr an.
     ☐ Der Zug fährt nach Berlin.
     ☐ Der Zug hat Verspätung.

     DURCHSAGE 3
     ☐ Die Passagiere sollen zum Flugsteig B6 gehen.
     ☐ Die Flugnummer lautet LH 3222.
     ☐ Das Flugzeug kommt von Mailand.

  3. Sie hören noch zwei Durchsagen in einem Bahnhof. Ergänzen Sie die fehlenden Informationen.

     DURCHSAGE 4   Wo soll sich Herr Klemm melden?

     Beim _____ zwischen den Gleisen _____
     und _____.

     DURCHSAGE 5   Wann ist die fahrplanmäßige Abfahrtszeit des Regionalzuges nach Stralsund am Gleis 4?

     Um _____ Uhr.

© Praxis

HÖR-MANAGER

Aufgabenblatt 12

 Track 13

Paul, Olga und Tim – drei Berliner Studenten

A2

- **Aufgabe vor dem Hören**

    Interviews mit drei Studenten aus Berlin: Wir haben Paul, Olga und Tim folgende Fragen gestellt:

    1. Wann sind Sie und Ihre Eltern geboren?
    2. Was machen Sie in Ihrer Freizeit?
    3. Was, glauben Sie, machen Sie in zehn Jahren?

    Wie könnten ihre Antworten lauten?

- **Aufgabe während des Hörens**

    ### Frage 1: *Wann sind Sie und Ihre Eltern geboren?*
    Hören Sie die Antworten und ergänzen Sie die Lücken.

    Ich bin Paul und bin am (a) _____ Mai 1972 geboren. Mein Vater heißt Ulrich.
    Er ist am (b) _____ Februar (c) _____ geboren. Meine Mutter ist am
    2. August (d) _____ geboren.

    Ich bin Olga und bin am (e) _____ Juni 1981 geboren. Meine Mutter heißt Gisela.
    Sie ist am (f) _____ September 1954 geboren. Mein Vater heißt Otto-Gerwin
    und ist am (g) _____ Dezember 1953 geboren.

    Hallo, ich bin Tim und bin am (h) _____ März (i) _____ geboren.
    Mein Papa ist am (j) _____ November (k) _____ geboren und meine
    Mama am (l) _____ Januar 1952.

    ### Frage 2: *Was machen Sie in der Freizeit?*
    Hören Sie die Antworten und ordnen Sie die Aussagen den Personen zu.
    Wer sagt was?

	Paul	Olga	Tim
a. Ich besuche natürlich oft meine Freunde.			
b. Am Wochenende bin ich sehr oft in Braunschweig.			
c. Eine gute Kneipe hier in Berlin ist das „Café Burger".			
d. Ich kenne recht viele Künstler.			
e. Abends gehe ich oft ins Konzert.			
f. Es gibt eine Großraumdisko, die „Jolly Joker" heißt.			

    ⇨

HÖR-MANAGER

Aufgabenblatt 12

A2

Frage 3: *Was, glauben Sie, machen Sie in zehn Jahren?*
Hören Sie den 3. Abschnitt und beantworten Sie die Fragen.

PAUL: 1. Wie denkt er über Kinder?
   _____ .

2. Wo will er in zehn Jahren wohnen?
   _____ .

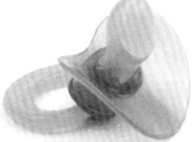

OLGA: 3. Wo möchte sie arbeiten?
   _____ .

4. Und wenn sie keine Arbeit hat?
   _____ .

TIM: 5. Wie denkt er übers Heiraten?
   _____ .

6. Wo möchte Tim in zehn Jahren wohnen? Warum?
   _____
   _____ .

- **Aufgabe nach dem Hören**

  Geburtsdaten und Sterbedaten berühmter Personen.

Name	Nationalität / Beruf	geboren am	gestorben am
Michael Ballack	deutscher Fußballspieler	26.09.1976	
Jil Sander	deutsche Modeschöpferin	27.11.1943	
Edvard Munch	norwegischer Maler	12.12.1863	23.01.1944
Michael Haneke	österreichischer Filmregisseur	23.03.1942	
Robert Koch	deutscher Mediziner und Mikrobiologe	11.12.1843	27.05.1910
Regina Halmich	deutsche Weltmeisterin im Frauenboxen	22.11.1976	
Astrid Lindgren	schwedische Kinderbuchautorin	14.11.1907	28.01.2002
Daniel Kehlmann	deutscher Schriftsteller	13.01.1975	

BEISPIEL: *Michael Ballack, deutscher Fußballspieler, geboren am sechsundzwanzigsten Neunten neunzehnhundertsechsundsiebzig.*

© Praxis

HÖR-MANAGER

Aufgabenblatt 13

Track 14

A2

„Was macht ihr am Samstag?"

- **Aufgabe während des Hörens**

  Hanna und Paul erzählen, was sie am Samstag machen wollen.

  1. Hören Sie die Texte und machen Sie Notizen.
  2. Hören Sie die Texte dann noch einmal und beantworten Sie die Fragen.
  3. Hören Sie die Texte ein drittes Mal und kontrollieren Sie Ihre Antworten.

  HANNA

  a. Warum muss sie „irgendwann vor 12 Uhr" aufstehen?

  _____.

  b. Welche Pläne hat sie für den Nachmittag und den Abend?

  Nachmittag (2 Angaben): _____.

  Abend (2 Angaben): _____.

  PAUL

  c. Wo arbeitet er?

  _____.

  d. Was sagt er über seine Arbeit?

  _____.

© Praxis

25

HÖR-MANAGER

Aufgabenblatt 13

A2

- **Aufgabe nach dem Hören**

  Sie wollen mit Ihrem Partner / Ihrer Partnerin zusammen Kleidung kaufen. Finden Sie einen passenden Termin.

  Samstag, 3. Juni

7	
8	
9	lange schlafen
10	
11	Wohnung aufräumen
12	
13	E-Mails schreiben
14	
15	
16	Fitness-Center
17	
18	mit Freunden telefonieren
19	
20	ab 20 h: Party bei Bettina
21	

  Partner A

  Samstag, 3. Juni

7	
8	
9	joggen
10	Auto zur Reparatur
11	
12	im Garten arbeiten
13	
14	
15	
16	Martin im Krankenhaus besuchen
17	
18	Freunde kommen – gemeinsam kochen
19	
20	
21	Fußballspiel im Fernsehen

  Partner B

© Praxis

HÖR-MANAGER

Aufgabenblatt 14

 Track 15

Deutschland, Österreich und die Schweiz stellen sich kurz vor

B1

DEUTSCHLAND

- **Aufgabe vor dem Hören**

  Was wissen Sie (schon) über Deutschland?

  – Nachbarländer von Deutschland?
  – die Bundesländer der Bundesrepublik Deutschland?
  – wie viele Einwohner?
  – bekannte Flüsse?
  – die größten Städte?
  – politische Parteien?

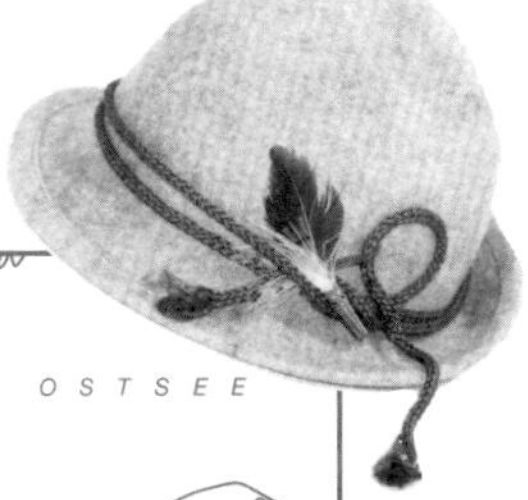

© Praxis

27

HÖR-MANAGER

Aufgabenblatt 14

B1

- **Aufgabe während des Hörens**

*Partnerarbeit: Sie hören zuerst den Text über Deutschland.
Sie hören diesen Text zweimal. Ergänzen Sie die fehlenden Informationen.*

1. Deutschland grenzt an _____,

   _____, _____,

   _____, _____, _____,

   _____, _____, und _____.

2. a. Deutschland besteht aus _____ Bundesländern.

   b. Nennen Sie einige Bundesländer.

   _____

3. Der höchste Berg Deutschlands ist die _____. Dieser Berg ist _____ m hoch.

4. Bekannte Flüsse sind z.B. _____, _____

   und _____.

5. Die fünf größten Städte sind Berlin, Hamburg, München, Köln und Frankfurt am Main. Wie viele Einwohner haben diese Städte?

   a. Berlin   ca. _____
   b. Hamburg   ca. _____
   c. München   ca. _____
   d. Köln   ca. _____
   e. Frankfurt a.M. ca. _____

6. Nennen Sie drei politische Parteien Deutschlands.

   a. _____
   b. _____
   c. _____

© Praxis

HÖR-MANAGER

Aufgabenblatt 14

B1

ÖSTERREICH

- **Aufgabe vor dem Hören**

  Was wissen Sie (schon) über Österreich?
  - Hauptstadt?
  - Nachbarländer?
  - Sehenswürdigkeiten?
  - Komponisten? / Musik?
  - typisches Essen?

- **Aufgabe während des Hörens**

  Sie hören nun den Text über Österreich zweimal. Bearbeiten Sie beim ersten Hören oder danach die Aufgaben.

  1. Wie groß ist Österreich? _____

  2. Im Norden grenzt Österreich an _____ und an die Tschechische Republik, im Osten an die Slowakei und an _____, im Süden an Slowenien und Italien, im Westen an _____ und an das Fürstentum _____.

  3. a. Wie viele Einwohner hat Österreich? _____

     b. Wie viele sind deutschsprachig? _____

  4. Wofür sind folgende Städte bekannt?

     a. Innsbruck: _____

     _____

     b. Salzburg: _____

     _____

  5. Nennen Sie einen wichtigen Faktor der österreichischen Wirtschaft.

     _____

  6. Seit wann ist Österreich Mitglied der EU? _____

  ⇨

© Praxis

29

HÖR-MANAGER

Aufgabenblatt 14

B1

DIE SCHWEIZ

- **Aufgabe während des Hörens**

    Partnerarbeit: Sie hören einen kurzen Text über die Schweiz. Sie hören diesen Text zweimal. Ergänzen Sie die fehlenden Informationen.

Die Schweiz grenzt im Norden an (a) _____ , im Osten an (b) _____ und (c) _____ , im Süden an (d) _____ . Der westliche Nachbar ist (e) _____ . Die Schweiz wurde am 1. August (f) _____ gegründet. Das Land besteht aus (g) _____ Kantonen. Die Bevölkerung beträgt ca. (h) _____ Millionen, davon sind (i) _____ % Ausländer. Der höchste Berg ist die Dufourspitze mit (j) _____ m. Der im Ausland bekannteste Berg in den Schweizer Alpen ist das (k) _____ – (l) _____ m hoch. Offizielle Landessprachen sind Deutsch, (m) _____ , (n) _____ und Rätoromanisch. Die größte Stadt ist Zürich. Andere Großstädte mit über (o) _____ Einwohnern sind (p) _____ , Basel, die Hauptstadt (q) _____ sowie Lausanne.

© Praxis

30

HÖR-MANAGER

Aufgabenblatt **15**

B1

Berliner City-Tour

- **Aufgabe vor dem Hören**

  Was wissen Sie über Berlin? Erstellen Sie eine Mind-map.

  Berlin
  - liegt im Osten Deutschlands
  - Sehenswürdigkeiten
    - s Brandenburger Tor
    - e Museumsinsel

- **Aufgabe während des Hörens**

  Eine Stadtrundfahrt durch Berlin.

  Die Fremdenführerin Tina erzählt über einige wichtige Sehenswürdigkeiten.

  Der Text ist in vier Abschnitte unterteilt.

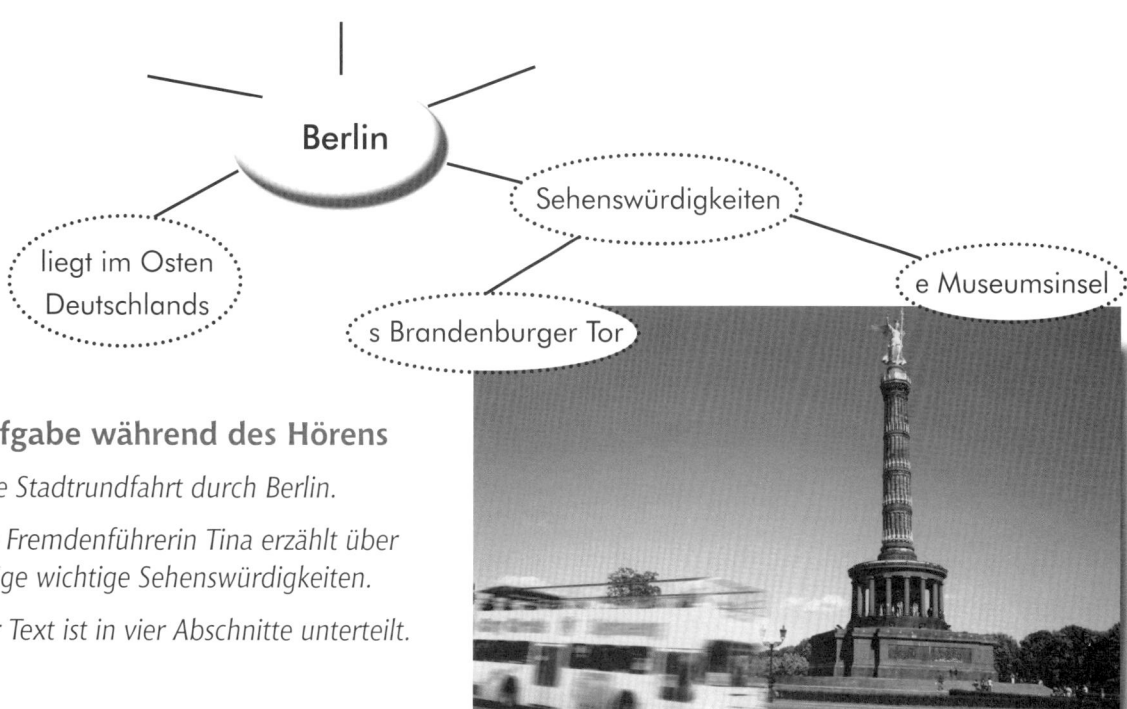

Abschnitt 1

Hören Sie den 1. Abschnitt und beantworten Sie die Fragen 1–3.

1. Was erzählt sie über den Kurfürstendamm (Ku´Damm)?

   a. _____

   b. _____

2. a. Wie viele Museen gibt es in Berlin?

   _____

   b. Welches ist das meistbesuchte Museum?

   _____

3. Wann wurde die Gedächtnis-Kirche erbaut?

   _____

© Praxis

HÖR-MANAGER

Aufgabenblatt 15

B1

ABSCHNITT 2

Hören Sie den 2. Abschnitt und beantworten Sie die Fragen 4 – 6.

4. a. Was erfährt man über den Zoo in Berlin?

   _____

   b. Warum haben die nordischen Länder eine gemeinsame Botschaft?

   _____

5. Auf einem Stück der Straße gibt es Markierungen. Warum?

   _____

6. Was war der Checkpoint Charlie?

   _____

ABSCHNITT 3

Hören Sie nun den 3. Abschnitt. Machen Sie sich Notizen zu den verschiedenen Sehenswürdigkeiten (7a – f).

7. a. die Friedrichstraße

   _____

   b. das Nikolaiviertel

   _____

   c. die Nikolaikirche

   _____

   d. der Fernsehturm

   _____

   e. die Museumsinsel

   _____

   f. das Brandenburger Tor

   _____

© Praxis

HÖR-MANAGER

Aufgabenblatt 15

B1

ABSCHNITT 4

Hören Sie nun den 4. Abschnitt. Was ist richtig? Kreuzen Sie an.

8. Wie lange ist die Kuppel des Reichstags geöffnet?
   - [a] Bis 22 Uhr.
   - [b] Bis 23 Uhr.
   - [c] Bis 24 Uhr.

9. Wie groß ist der Tiergarten?
   - [a] 220 Hektar.
   - [b] 230 Hektar.
   - [c] 320 Hektar.

10. Das „KaDeWe" ist
    - [a] größer als das „Harrods".
    - [b] genauso groß wie das „Harrods".
    - [c] kleiner als das „Harrods".

© Praxis

HÖR-MANAGER

Aufgabenblatt 16

B1

Salzburg – die Stadt der Festspiele

- **Aufgabe vor dem Hören**

Lesen Sie den Text.

> Touristenattraktion Nummer eins in Salzburg ist das Haus in der Getreidegasse, wo Johann Amadeus Mozart, der berühmteste Sohn der Stadt, geboren wurde. Ein Bummel durch die Altstadt führt dann am imposanten Dom vorbei zur Festung Hohensalzburg hoch über der Stadt. Der Blick von da oben ist überwältigend. Den Weg zurück geht man in die andere Richtung und kommt am Festspielhaus vorbei, wo jeden Sommer die „Salzburger Festspiele" stattfinden, eine der bekanntesten Kulturveranstaltungen Europas.

| A. der Dom | B. das Festspielhaus | C. die Festung Hohensalzburg | D. Mozarts Geburtshaus |

- **Aufgabe während des Hörens**

Alfred Leitinger erzählt von seiner Heimatstadt Salzburg, wo er seit seiner Geburt 1954 wohnt.

Sie hören den Text zweimal. Dazu sollen Sie 10 Aufgaben lösen. Bei jeder Aufgabe sollen Sie feststellen: Habe ich das im Text gehört oder nicht? Wenn ja, markieren Sie beim ersten Hören oder danach **R** *= richtig, wenn nein, markieren Sie* **F** *= falsch.*

Lesen Sie jetzt die Aufgaben 1–10.

1. Heute hat Salzburg ungefähr 30 Prozent mehr Einwohner als nach dem Zweiten Weltkrieg. **R** **F**
2. Salzburg hat jedes Jahr ungefähr 5 Millionen Touristen. **R** **F**
3. Österreich ist kein großes Industrieland. **R** **F**
4. Die wichtigsten Industriegebiete liegen in Wien, in Tirol und in Graz. **R** **F**
5. Die meisten Kirchen in Salzburg sind evangelisch. **R** **F**
6. Mozart wurde am 27. Jänner* 1756 geboren. **R** **F**
7. Mozarts Geburtshaus kann an Spitzentagen bis zu 5000 Besucher haben. **R** **F**
8. Die Festung Hohensalzburg stammt aus dem Mittelalter. **R** **F**
9. Unterhaltungsmöglichkeiten für die Jugend findet man in Salzburg und Umgebung kaum. **R** **F**
10. Die Skigebiete liegen unweit von Salzburg. **R** **F**

*Jänner = Januar

© Praxis

HÖR-MANAGER

Aufgabenblatt 16

B1

- **Aufgabe nach dem Hören**

  1. Internet-Recherche über Salzburger Spezialitäten:

  Was ist die „Mozartkugel"? Was sind die „Salzburger Nockerln"?
  Informieren Sie sich im Internet, bereiten Sie ein Plakat vor, hängen Sie es in der Klasse auf und erzählen Sie dann.

  Diese Internetadressen können helfen:

  http://salzburgerland.com/tid_ausgezeichnete-spezialitaeten_77807/direktlink.html
  http://de.wikipedia.org/wiki/Salzburger_Nockerln

  2. Schriftlicher Ausdruck

  Schreiben Sie einen kleinen Text über die Geschichte, Sehenswürdigkeiten, Spezialitäten Ihrer Stadt oder einer anderen Stadt Ihres Heimatlandes. Illustrieren Sie Ihren Text mit Fotos.

© Praxis

HÖR-MANAGER

Aufgabenblatt 17

 Track 18 „Bärn, i ha di gern (Bern, ich hab' dich gern)" **B1**

- **Aufgabe vor dem Hören**

  Lesen Sie den Text.

  > Von den D-A-CH-Ländern ist die Schweiz mit 41.285 km² Gesamtfläche und 7,6 Millionen Einwohnern das kleinste Land. Bern ist – nach Berlin und Wien – zwar die kleinste der drei Hauptstädte, aber eine der größten Städte der Schweiz.

  In dem folgenden Hörtext lernen Sie die Stadt Bern näher kennen.

- **Aufgabe während des Hörens**

  Sie hören nun den Text in zwei Abschnitten.

  ABSCHNITT 1

  Hören Sie den 1. Abschnitt und markieren Sie ⬜R = richtig bzw. ⬜F = falsch.

  1. In Bern wohnen ca. 157 000 Menschen.   ⬜R ⬜F
  2. Die Berner Altstadt stammt aus dem Mittelalter.   ⬜R ⬜F
  3. Durch Bern fließt der Fluss Aare.   ⬜R ⬜F
  4. Das Wahrzeichen von Bern ist der Bärengraben.   ⬜R ⬜F
  5. Der Sitz der Schweizer Regierung heißt „Bundeshaus".   ⬜R ⬜F

  ABSCHNITT 2

  Hören Sie den 2. Abschnitt und bearbeiten Sie die Aufgaben 6–9.

  6. Notieren Sie Informationen zu einer dieser Einrichtungen:
     - das Museum für Kommunikation
     - das Einstein-Haus
     - das Paul-Klee-Zentrum

     _____

     _____

  7. Der Berner Berg, der Gurten, ist _____ m hoch.

  8. Wofür ist der Gurten bekannt?

     Dort findet jeweils im Juli das _____ statt.

  9. Im Treffpunkt „Bierhüberli" findet man

     ⬜a einen großen Konzertsaal und eine Disko.
     ⬜b die Trendbar „Bitter Sweet".
     ⬜c eine Bar und ein schönes Café.

© Praxis

HÖR-MANAGER

Aufgabenblatt 18

Track 19

B1

Ein Jahr in Stockholm

- **Aufgabe vor dem Hören**

Anna Klodt erzählt im folgenden Interview über ihr Jahr in Stockholm. Sie hat dort als Au-Pair gearbeitet.

Überlegen Sie: Was macht ein Au-Pair? Ergänzen Sie das Assoziogramm.

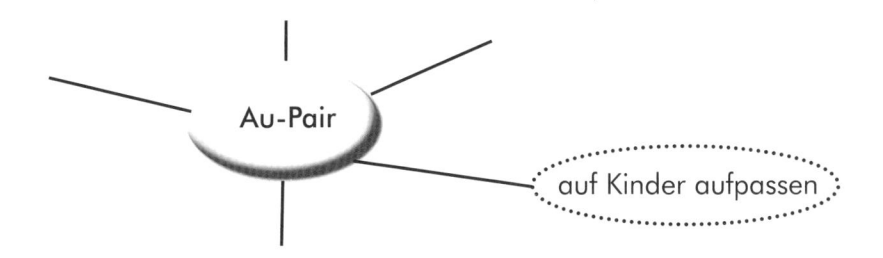

Au-Pair — auf Kinder aufpassen

- **Aufgabe während des Hörens**

Sie hören nun das Gespräch mit Anna. Sie hören diesen Text zweimal. Markieren Sie beim ersten Hören oder danach [R] = *richtig bzw.* [F] = *falsch.*

Lesen Sie zuerst die Aufgaben 1–5.

1. Die Familie, bei der Anna gearbeitet hat, hatte keine Jungen. [R] [F]
2. Anna fand die Atmosphäre in der Familie sehr angenehm. [R] [F]
3. Es war sehr anstrengend für Anna, die Kinder abends ins Bett zu bringen. [R] [F]
4. Sie hat einen Anfänger-Schwedischkurs besucht. [R] [F]
5. Mit den drei Kindern hat Anna nur Deutsch gesprochen. [R] [F]

- **Aufgabe nach dem Hören**

Diskutieren Sie im Kurs.

a. Was können Vorteile eines Au-Pair- bzw. Auslandsaufenthaltes sein?
b. Welche Schwierigkeiten kann es geben?
c. Waren Sie schon einmal für längere Zeit im Ausland? (Studium, Arbeit, ...) Wenn ja, erzählen Sie von Ihren Erfahrungen.

© Praxis

HÖR-MANAGER

Aufgabenblatt 19

Track 20

Kurze Nachrichten und Mitteilungen

B1

- **Aufgabe während des Hörens**

Sie hören jetzt 10 kurze Texte. Sie hören diese Texte zweimal. Markieren Sie beim ersten Hören oder danach R = *richtig bzw.* F = *falsch.*

Lesen Sie zuerst die Aufgaben 1–10.

1. Anna fährt am 26. Juni wieder nach Hause.   R   F
2. Der Besitzer wollte den Hund loswerden, weil er nicht gesund war.   R   F
3. Der Motorradfahrer ist bei dem Unfall gestorben.   R   F
4. Der Lottogewinner weiß wahrscheinlich nichts von seinem Glück.   R   F
5. Es nervt den Mann, dass seine Mutter jeden Tag anruft.   R   F
6. Auf Zypern sind es 34 Grad im Schatten.   R   F
7. Beim Sprung vom Balkon wurde die Schlafwandlerin leicht verletzt.   R   F
8. Die Hamburger Feuerwehr musste einer stark übergewichtigen Frau helfen.   R   F
9. Die Familie hat für die Unterkunft in Hamburg nichts bezahlen müssen.   R   F
10. Viele Angestellte in den USA machen täglich 2 Überstunden.   R   F

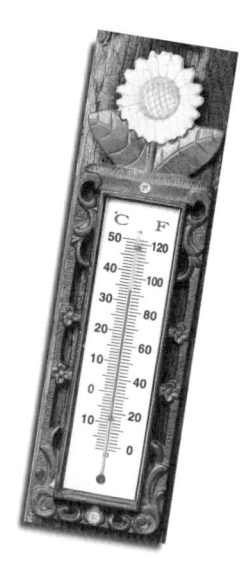

- **Aufgabe nach dem Hören**

Haben Sie alle Texte gut verstanden? Dann korrigieren Sie die falschen Aussagen. Vergleichen Sie anschließend Ihre Ergebnisse im Kurs.

© Praxis

HÖR-MANAGER

Aufgabenblatt 20

Track 21

B1

Allaa und Sevkan, Schülerinnen an der Robert-Koch-Oberschule, erzählen

- **Aufgabe während des Hörens**

Allaa und Sevkan besuchen beide die Robert-Koch-Oberschule (Gymnasium) in Berlin-Kreuzberg, wo sehr viele Schüler und Schülerinnen nichtdeutscher Herkunft sind. Allaa kommt ursprünglich aus dem Irak und Sevkan hat einen türkischen Hintergrund.

Sie hören beide Texte jeweils zweimal. Beim ersten Hören notieren Sie nichts. Beim zweiten Hören oder danach bearbeiten Sie die Aufgaben.

Lesen Sie vor dem Hören die Aufgaben 1–10.

ALLAA

1. a. Seit wann wohnt die Familie in Deutschland? _____

   b. Warum ist sie nach Deutschland gekommen? _____

   _____

2. Allaa kann sich nicht vorstellen, später im Irak zu leben. Warum nicht? (2 Gründe)

   a. _____

   b. _____

3. Was ist ihrer Meinung nach das Positive und das Negative an der Schule?

   + _____

   − _____

4. Wie sieht ihr Wochenende normalerweise aus?

   _____

   _____

   _____

5. Was sagt Allaa über die Zukunft? (2 Angaben)

   a. _____

   b. _____

⇨

© Praxis

HÖR-MANAGER

Aufgabenblatt 20

B1

SEVKAN

Was sagt sie über ...

6. ihre Eltern / Familie?
   _____

7. die Schule (Lehrer, Unterricht)?
   _____

8. die Ausländer in der Schule?
   _____

9. einen Nebenjob?
   _____

10. ihre Zukunft? (3 Angaben)
    _____

- **Aufgabe nach dem Hören**

    1. Allaa sagt: „Samstags arbeite ich oft bei Vodafone, das gefällt mir sehr. Sonntags will ich Zeit für mich haben: Ich mache mir die Haare, meine Nägel, ich besuche Freunde ...". Beschreiben Sie einmal, wie Sie das Wochenende gewöhnlicherweise verbringen.

    2. Welches sind Ihrer Meinung nach die Vor- und Nachteile, wenn man eine Schule mit sehr vielen Schülern ausländischer Herkunft besucht? Diskutieren Sie zunächst in Gruppen, dann im gesamten Kurs.

An der Robert-Koch-Oberschule, die wir besucht haben, sind ca. 85 % der Schüler nichtdeutscher Herkunft. Die Eberhard-Klein-Schule (Grundschule) in Berlin hält in Deutschland den Rekord: Sie ist die erste und einzige deutsche Schule, die nur Schüler aus Einwandererfamilien hat. Kein einziger deutscher Schüler, dessen Muttersprache Deutsch ist, geht in diese Schule.

© Praxis

HÖR-MANAGER

Aufgabenblatt 21

B1

Track 22

Nachrichten (1)

- **Aufgabe während des Hörens**

Sie hören 3 Nachrichten. Sie hören jede Nachricht zweimal. Markieren Sie beim ersten Hören oder danach [R] = *richtig bzw.* [F] = *falsch.*

NACHRICHT 1

a. Ein 35-jähriger Chinese ist in New York im Stadtteil Bronx in einem Fahrstuhl stecken geblieben. [R] [F]

b. Der 35-Jährige wollte seinen Kollegen Essen bringen. [R] [F]

NACHRICHT 2

a. Bei einem Brand sind 17 Menschen ums Leben gekommen. [R] [F]

b. Alle Mitglieder einer Familie sind durch einen Sprung aus einem brennenden Haus geflüchtet. [R] [F]

NACHRICHT 3

a. Mit Hilfe von seinem Surfbrett hat der Brite Simon Letch sein Leben gerettet. [R] [F]

b. Nach dem Haiangriff meinte der Surfer, die Tiere sind verrückt. [R] [F]

Wo hat sich jede Nachricht abgespielt?

A

B

C

Nachricht _____   Nachricht _____   Nachricht _____

© Praxis

HÖR-MANAGER

Aufgabenblatt 22

Track 23 — „Ohne Fußball würde ich zusammenbrechen."

B1

- **Aufgabe vor dem Hören**

  Was fällt Ihnen zum Begriff „Fußball" spontan ein? Sammeln Sie Ideen im Kurs.

- **Aufgabe während des Hörens**

  Sie hören den Text zweimal. Dazu sollen Sie 10 Aufgaben lösen. Bei jeder Aufgabe sollen Sie feststellen: Habe ich das im Text gehört oder nicht? Wenn ja, markieren Sie R = richtig, wenn nein, markieren Sie F = falsch.

  Lesen Sie nun die Aufgaben 1–10.

  1. Robert hat vor 12 Jahren begonnen Fußball zu spielen. R F
  2. Fußball war schon immer sein Lieblingssport. R F
  3. Das Training findet manchmal auch an den Wochenenden statt. R F
  4. Robert spielt am liebsten im Sturm. R F
  5. In Zukunft möchte er Fußball-Profi werden. R F
  6. Alle in der Familie von Robert sind Fans von Schalke 04. R F
  7. Für Robert wäre es eine Katastrophe, wenn er plötzlich nicht mehr Fußball spielen könnte. R F
  8. Robert hat schon mal einen Pokal gewonnen. R F
  9. Robert bewundert den Profi-Spieler Kaká. R F
  10. Robert sieht sich gerne und oft Fußballspiele im Stadion an. R F

- **Aufgabe nach dem Hören**

  Robert meint, er würde „zusammenbrechen", wenn er keine Möglichkeit hätte, Fußball zu spielen. Können Sie ihn verstehen? Warum (nicht)?

  Gibt es auch etwas in Ihrem Leben, worauf Sie nicht oder nur schwer verzichten könnten? Erzählen Sie.

© Praxis

HÖR-MANAGER

Aufgabenblatt 23

Track 24

Wovon wird gesprochen?

B1

- **Aufgabe während des Hörens**

TEXT 1

Hören Sie sich den ersten Text an und beantworten Sie die Fragen 1–2.

1. Seit wann wird Frau Köhler vermisst? _____
2. Beschreiben Sie ihr Aussehen.

   _____

   _____

TEXTE 2A – 2B

Hören Sie die beiden anderen Texte. Kreuzen Sie an, in welchem der beiden Texte jede der folgenden Aussagen steht. Vorsicht: Zwei Aussagen stehen in keinem der beiden Texte.

	Text 2A	Text 2B	in keinem der beiden Texte
a. Die Reise nicht stornieren!			
b. Durch ein Gewitter fliegen ist nicht mehr gefährlich.			
c. Flug nach Mallorca geplant.			
d. Angst vor dem Flug wird jeden Tag größer.			
e. Gefahr, dass das Flugzeug abstürzt.			
f. In Apotheken gibt es geeignete Mittel.			
g. Kinder freuen sich auf die Flugreise.			
h. Letzter Flug liegt schon 20 Jahre zurück.			
i. Nicht ans Geld, sondern an die Gefahr denken!			

- **Aufgabe nach dem Hören**

  Erzählen Sie sich gegenseitig, wovor Sie Angst haben. Versuchen Sie auch zu erklären, warum.

  - Noten in der Schule
  - dass jemandem aus meiner Familie etwas passiert
  - Angst vor dem Tod
  - Arbeitsplatzverlust
  - krank werden
  - alt werden
  - Freunde verlieren

© Praxis

HÖR-MANAGER

Aufgabenblatt 24

Track 25

B1

Fabians Tagebuch

- **Aufgabe vor dem Hören**

  1. Wie sieht/sah ein stressiger Tag in Ihrem Leben aus? Erzählen Sie.

  2. Welche Gemeinsamkeiten und Unterschiede gibt es zwischen einem Tagebuch, das man schon von viel früheren Zeiten kennt, und einem modernen Blog?

- **Aufgabe während des Hörens**

  Der 17-jährige Schüler Fabian Overmann aus Köln schreibt Tagebuch. Hier erzählt er uns, was er an drei Tagen im Februar (21.2., 22.2., 23.2.) gemacht hat.

  Kreuzen Sie die jeweils richtige Antwort an.

  ### ABSCHNITT 1: MONTAG, DEN 21. FEBRUAR

  1. Wann ist Fabian aufgestanden?

     - [a] gegen 8.00 Uhr
     - [b] gegen 5.30 Uhr
     - [c] gegen 7.00 Uhr
     - [d] gegen 6.30 Uhr

  2. Was hat er zum Frühstück gegessen und getrunken?

     - [a] Ein Brötchen mit Aufschnitt und ein Glas Milch.
     - [b] Zwei Brötchen mit Käse und einen frisch gepressten Orangensaft.
     - [c] Ein Brötchen mit Aufschnitt und einen frisch gepressten Orangensaft.
     - [d] Zwei Brötchen mit Aufschnitt und ein Glas Milch.

  3. Er ist von seinem Freund Marian mit dem Auto abgeholt worden. Warum, meint Fabian, ist das sehr praktisch?

     - [a] Er muss nicht zu Fuß gehen.
     - [b] Er kann länger schlafen.
     - [c] Er kann in aller Ruhe frühstücken.
     - [d] Er kommt rechtzeitig zur Schule.

  4. Was hat Fabian am Nachmittag und am Abend gemacht?

     - [a] Er hat Englisch und Mathe gelernt.
     - [b] Er hat Mathe gelernt und Handball gespielt.
     - [c] Er hat Volleyball gespielt.
     - [d] Er hat Mathe gelernt und Volleyball gespielt.

© Praxis

HÖR-MANAGER

Aufgabenblatt 24

B1

ABSCHNITT 2: DIENSTAG, DEN 22. FEBRUAR

5. Was hat Fabian nach dem Mittagessen gemacht?

   - [a] Er hat Hausaufgaben gemacht.
   - [b] Er ist ins Theater gegangen.
   - [c] Er hat Claudia, seine Freundin, angerufen.
   - [d] Er hat geschlafen.

6. Und am Abend?

   - [a] Er ist ins Kino gegangen.
   - [b] Er ist sehr früh ins Bett gegangen.
   - [c] Seine Freundin hat ihn besucht.
   - [d] Fabian hat seine Freundin besucht.

ABSCHNITT 3: MITTWOCH, DEN 23. FEBRUAR

7. Nach den ersten Unterrichtsstunden …

   - [a] hat Fabian gefrühstückt.
   - [b] ist er zusammen mit seinen Freunden in einem Café gewesen.
   - [c] hat er Claudia getroffen.
   - [d] hatte er Fahrunterricht.

8. Hat Fabian den Führerschein schon gemacht?

   - [a] Ja, vor einer Woche hat er den Führerschein gemacht.
   - [b] Ja, er hat den Führerschein schon seit einem Jahr.
   - [c] Nein, er hat überhaupt nicht vor, den Führerschein zu machen.
   - [d] Nein, aber er wird in den nächsten Tagen den Führerschein machen.

9. Warum konnte er nicht einschlafen?

   - [a] Weil er sich von seiner Arbeit nicht entspannen konnte.
   - [b] Weil er ganz einfach nicht müde war.
   - [c] Weil er an den schönen Ausflug zum Berg „Lützel" gedacht hat.
   - [d] Weil er an eine Prüfung vom nächsten Tag gedacht hat.

© Praxis

HÖR-MANAGER

Aufgabenblatt 25

Track 26

B1

"Nur im Südosten zeigt sich die Sonne." –
Ein Wetterbericht

- **Aufgabe vor dem Hören**

  Wetter-Wörter: Bilden Sie Sätze.

  > Heute ist es sonnig, bei 32 Grad.

der Wetterbericht / die Wettervorhersage	
das Gewitter	der Wind
der Regen	es weht / es ist windig
der Regenguss / der Schauer	der Sturm
es regnet / es ist regnerisch	es stürmt / es ist stürmisch
der Schnee	die Sonne / die Sonne scheint
es schneit	der Sonnenschein
	es ist sonnig
die Wolke	die Hitze
es ist wolkig	es ist heiß
	es ist schwül
es bleibt trocken	die Temperatur, -en / (der) Grad

- **Aufgabe während des Hörens**

  Hören Sie den Wetterbericht. Welche Karte passt?

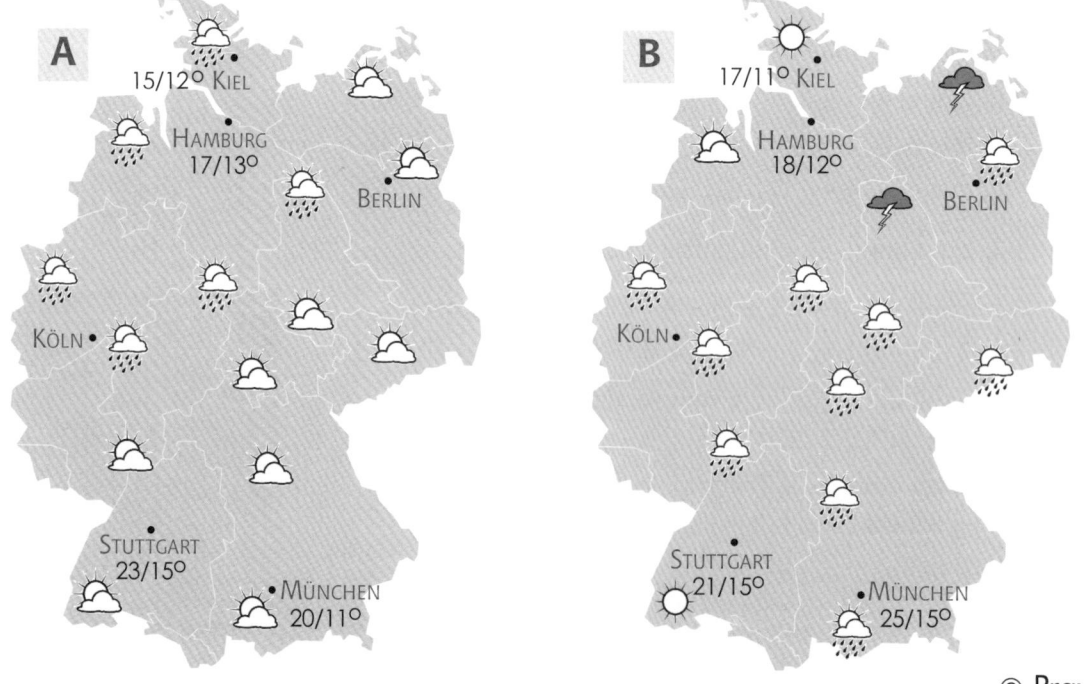

  A
  - Kiel 15/12°
  - Hamburg 17/13°
  - Berlin
  - Köln
  - Stuttgart 23/15°
  - München 20/11°

  B
  - Kiel 17/11°
  - Hamburg 18/12°
  - Berlin
  - Köln
  - Stuttgart 21/15°
  - München 25/15°

© Praxis

HÖR-MANAGER

Aufgabenblatt 25

B1

- **Aufgabe nach dem Hören**

   Leseverstehen: Der Hundertjährige Kalender

   Lesen Sie die Textabschnitte und bringen Sie sie in die richtige Reihenfolge.

   A. Der deutsche Abt Moritz Knauer (1613 – 1664) aus Bamberg glaubte fest daran, dass die Planeten unser Wetter bestimmen.

   B. Sie dachten aber, dass Kometen und Sonnenfinsternisse der Grund dafür sind. Der Abt Moritz Knauer beobachtete sieben Jahre lang das Wetter und schrieb alles detailliert auf.

   C. Diese sieben „Sterne" – so lautete die Theorie – bestimmen den Wetterzyklus und wechseln sich in ihrem Einfluss auf unser Wetter nach einer genau festgelegten Reihenfolge ab.

   D. Die damaligen Wissenschaftler und Meteorologen stellten aufgrund ihrer Beobachtungen zwar Unregelmäßigkeiten in diesem geordneten Wetterablauf fest.

   E. Nach seinem Tod wurden seine Aufzeichnungen überarbeitet und als Buch mit dem Titel „Der Hundertjährige Kalender" veröffentlicht.

   F. Damals waren nur fünf Planeten bekannt: Jupiter, Mars, Saturn, Venus und Merkur. Da man aber im 17. Jahrhundert auch noch die Sonne und den Mond zu den Planeten zählte, hatte man insgesamt sieben.

   G. Das Werk hatte sofort großen Erfolg und gehörte im 18. Jahrhundert zu den am meisten gelesenen Büchern Deutschlands. Ursprünglich galt der Kalender für die Jahre 1701 – 1800. Da sich jedoch der Wetterzyklus der Theorie nach alle sieben Jahre wiederholt, meinen auch heute noch manche Meteorologen, der Kalender sei weiterhin gültig.

   | A | | | | | | |

© Praxis

HÖR-MANAGER

Aufgabenblatt 26

Track 27

B1

„Schlafen Sie gut?"

- **Aufgabe vor dem Hören**

Wie ist es bei Ihnen: Schlafen Sie gut oder haben Sie Schlafprobleme? Warum – glauben Sie – leiden viele Menschen unter Schlafstörungen? Welche Folgen können sich für die Gesundheit ergeben? Was kann man dagegen tun? Diskutieren Sie im Kurs.

- **Aufgabe während des Hörens**

Hören Sie nun den Text. Warum leiden Menschen unter Schlafstörungen? Was kann man dagegen tun? Ergänzen Sie die Tabelle.

Schlafstörungen	
Ursachen	Ratschläge
• zu viel Kaffee	• abends spazieren gehen
•	•
•	•
•	•

- **Aufgabe nach dem Hören**

Fügen Sie die zueinander passenden Satzhälften zusammen.

1. Angst, Stress und Konflikte	a. dass sie sich müde und schlapp fühlen.
2. Ca. 25% der Deutschen können abends nicht einschlafen	b. muss man die Ursachen kennen.
3. Das Problem ist aber,	c. können helfen.
4. Die Luft im Schlafzimmer	d. muss immer frisch sein.
5. Ein Glas Wein oder ein Glas Milch mit Honig	e. können den Schlaf stören.
6. Um etwas gegen Schlafstörungen tun zu können,	f. oder sie wachen nachts häufig auf.
7. Zu viel Kaffee, zu viele Zigaretten	g. sind auch manchmal die Ursachen.

1	2	3	4	5	6	7

© Praxis

HÖR-MANAGER

Aufgabenblatt 27

B1

Track 28

„Suchen Sie einen Partner?"

- **Aufgabe vor dem Hören**

  Kreuzen Sie an: Welche Charakter-Eigenschaften treffen auf Sie persönlich zu? Fügen Sie weitere Adjektive hinzu.

  ☐ belesen   ☐ gestresst   ☐ pedantisch
  ☐ cool   ☐ großzügig   ☐ schüchtern
  ☐ ehrlich   ☐ hilfsbereit   ☐ sympathisch
  ☐ geduldig   ☐ humorvoll   ☐ verschlossen
  ☐ gerecht   ☐ offen   ☐ zuverlässig

- **Aufgabe während des Hörens**

  Thomas, Johanna, Helena, Johannes und Angelika möchten alle einen Partner kennen lernen. Hier erzählen sie kurz, wer sie sind und wie sie sich ihren Traumpartner vorstellen.

  Hören Sie die Texte und ergänzen Sie das Raster.

	Wie ist er/sie?	Wie soll der Partner / die Partnerin sein?
Thomas		
Johanna		
Helena		
Johannes		
Angelika		

- **Aufgabe nach dem Hören**

  Schreiben Sie eine Kontaktanzeige: Wer / Wie sind Sie? Was für einen Partner / eine Partnerin suchen Sie?

© Praxis

49

HÖR-MANAGER

Aufgabenblatt 28

Track 29

Nachrichten (2)

B1

- **Aufgabe während des Hörens**

   Zwei Menschen – zwei Rekorde

   Hören Sie nun die beiden Nachrichten – eine über Hermann Dörnemann, die andere über Steve Fossett.

   Sie hören jeden Text zweimal. Dazu sollen Sie 10 Aufgaben lösen. Bei jeder Aufgabe sollen Sie feststellen: Habe ich das im Text gehört oder nicht? Wenn ja, markieren Sie beim ersten Hören oder danach R *= richtig, wenn nein, markieren Sie* F *= falsch.*

   Lesen Sie jetzt die Aufgaben 1–10.

Hermann Dörnemann ...

1. starb an einem Herzinfarkt. R F
2. war ein begeisterter Sportler. R F
3. meinte, das Kochwasser der Kartoffeln sei sehr gesund. R F
4. schimpfte oft. R F
5. war in der letzten Zeit erblindet. R F

Steve Fossett ...

6. ist es nicht gelungen, ohne Zwischenstopp rund um die Erde zu fliegen. R F
7. ist von Tausenden von Zuschauern empfangen worden. R F
8. benötigte für die Strecke 76 Stunden und eine Minute. R F
9. hat den Flug wegen Kopfschmerzen nicht genossen. R F
10. hatte kurz vor Japan weniger Treibstoff im Tank, als er dachte. R F

© Praxis

HÖR-MANAGER

Aufgabenblatt 28

B1

- **Aufgabe nach dem Hören**

Text 1: Ergänzen Sie die Wörter aus dem Kasten. Drei Wörter bleiben übrig.

> Alter – außerdem – ausgeglichener – erblindet – erst – geworden – letzten – Lungenentzündung – noch – verletzt – verstorben – Vitamine – vorigen

Hermann Dörnemann, einer der ältesten Männer Deutschlands, ist im (1) _____ von knapp 112 Jahren in einem Düsseldorfer Krankenhaus (2) _____ . Die Ursache waren die Folgen einer (3) _____ . Seine Tochter meint, er sei so alt (4) _____ , weil er wegen der (5) _____ immer das Kochwasser von den Kartoffeln getrunken habe; (6) _____ war er ein sehr (7) _____ Mensch. Mit 105 Jahren ist er (8) _____ einkaufen gegangen und hat mit seiner Tochter und seinem Schwiegersohn Karten gespielt. In der (9) _____ Zeit war er an den Rollstuhl gefesselt und (10) _____ .

Text 2: Ergänzen Sie die Vergangenheitsformen der Verben in den Klammern.

Der amerikanische Abenteurer Steve Fossett hat seinen Rekordflug um die Welt erfolgreich (1: beenden) _____ . Als erster Pilot (2: umrunden) _____ der 60-Jährige allein, ohne aufzutanken und ohne Zwischenstopp, die Erde. Eine Mutprobe (3: retten) _____ das Unternehmen. Der Milliardär (4: landen) _____ unter dem Jubel und Beifall Tausender Zuschauer in Salina im US-Stadt Kansas, wo er am Montag (5: starten) _____ war. Für die rund 37.000 Kilometer lange Strecke (6: benötigen) _____ der Hobby-Flieger mit seinem Spezialflugzeug „Globalflyer" 67 Stunden und eine Minute. Kurz vor der Landung (7: funken) _____ Fossett, dass er trotz seiner Kopfschmerzen und seines Schlafmangels den Flug genossen habe. Das waghalsige Abenteuer (8: drohen) _____ knapp nach der Hälfte der Flugstrecke zu scheitern: Kurz vor Japan (9: feststellen) _____ Fossett _____ , dass er ein Siebtel weniger Treibstoff im Tank (10: haben) _____ als angenommen.

ANMERKUNG: Am 3. September 2007 verschwand Steve Fossett mit seinem Flugzeug in Nevada. Nach vielen Spekulationen über sein Verschwinden gilt er seit Oktober 2008 als tot. Ursache: Flugzeugabsturz.

© Praxis

HÖR-MANAGER

Aufgabenblatt 29

Track 30

Julia aus Wien

B1

- **Aufgabe vor dem Hören**

    Was bedeuten folgende Wörter? Verbinden Sie.

    1. der Rechtsanwalt
    2. die Primarschule
    3. sich mit jdm. gut verstehen
    4. jdm. nacheifern
    5. ehrgeizig sein
    6. die Matura (öster.)

    a. eine gute Beziehung zu jdm. haben
    b. das Abitur
    c. (immer) gute Noten / Erfolg haben wollen
    d. die Grundschule
    e. so sein wollen wie jd. anderes
    f. er vertritt Leute bei einem Gerichtsprozess

- **Aufgabe während des Hörens**

    Julia ist 17 Jahre alt und kommt aus Österreich, aus Wien. Sie erzählt im Folgenden über ihre Familie, die Schule und ihre Interessen.

    Der Text ist in zwei Abschnitte unterteilt.

    A. Hören Sie den 1. Abschnitt zweimal und beantworten Sie die Fragen 1–6.

    1. Was erzählt Julia über …
        a. ihren Vater? _____
        b. ihre Mutter? _____

    2. Julia besucht gerne die Klasse, die ihre Mutter unterrichtet. Warum?
       _____

    3. Ihre Schwester ist _____ Jahre und ihr Bruder ist _____ Jahre alt.

    4. Welchen Kontakt hat Julia zu …
        a. ihrer Schwester? _____
        b. ihrem Bruder? _____

    5. Sie sagt, dass es ihr Spaß macht, in die Schule zu gehen. Erklären Sie, warum.
       _____

    6. Welche Fremdsprachen spricht Julia?
       _____

© Praxis

52

HÖR-MANAGER

Aufgabenblatt 29

B1

B. *Hören Sie jetzt den 2. Abschnitt zweimal. Dazu sollen Sie 5 Aufgaben lösen. Markieren Sie beim ersten Hören oder danach* R = *richtig bzw.* F = *falsch.*

Lesen Sie zuerst die Aufgaben 7–11.

7. Julia hat in der Schule das Fach "Creative Writing".   R   F

8. Mit der Volleyballmannschaft spielt sie auch bei Turnieren.   R   F

9. Julia und ihre Freunde gehen gerne Kaffee trinken.   R   F

10. Die Freunde führen in Diskos lange Diskussionen.   R   F

11. An den Wochenenden und in den Ferien träumt Julia von ihrer Zukunft.   R   F

- **Aufgabe nach dem Hören**

Erzählen Sie – schriftlich oder mündlich – über Julia. Benutzen Sie die Informationen aus dem Kasten.

17 – in Wien leben –
Familie: Vater Rechtsanwalt, Mutter Lehrerin, Judith 15 und Jakob 12 –
mit Judith manchmal streiten –
Geschwister: auch ins Gymnasium gehen –
gute Schülerin sein: gerne Neues erfahren,
ehrgeizig sein – nach der Matura:
„Creative Writing" in London oder in Manchester studieren – Volleyball in einer Mannschaft spielen,
zweimal in der Woche Training –
an Turnieren teilnehmen –
Wochenende oder Ferien:
Freunde treffen, schwimmen,
in Diskos tanzen,
in Bars diskutieren –
in der Woche: sich auf die Schule konzentrieren

© Praxis

HÖR-MANAGER

Aufgabenblatt 30

Track 31

Am Telefon

B1

- **Aufgabe während des Hörens**

   Sie hören fünf kurze Mitteilungen. Sie hören diese Texte nur einmal. Markieren Sie beim Hören R *= richtig bzw.* F *= falsch.*

   Lesen Sie zuerst die Aufgaben 1–5.

   1. Die Praxis ist montags, dienstags und freitags bis sechs Uhr am Nachmittag geöffnet.   R   F
   2. Der Vertretungsarzt Dr. Möller hat die Telefonnummer 32 36 36.   R   F
   3. Nur in den Sommermonaten ist das Aachener Informationsbüro auch an Sonn- und Feiertagen geöffnet.   R   F
   4. Die letzte Haltestelle der Buslinie 52 heißt „Tierpark".   R   F
   5. In der Woche kann man den IKEA-Service bis 20.30 Uhr erreichen.   R   F

- **Aufgabe nach dem Hören**

   Partnerarbeit: Wählen Sie eine der beiden Situationen A oder B aus. Überlegen Sie sich Ideen zu den einzelnen Notizen. Spielen Sie dann Ihren Dialog im Kurs vor.

   ### SITUATION A

   Sie haben in Ihrer Wohnung noch ein leeres Zimmer, das Sie gerne als Gästezimmer einrichten möchten.

   Sie haben die Aufgabe, gemeinsam mit Ihrem Gesprächspartner / Ihrer Gesprächspartnerin diese Zimmereinrichtung zu diskutieren.

   Sie haben sich schon einen Zettel mit Notizen gemacht.

   Einrichtung Gästezimmer
   - Was für Möbel?
   - andere Einrichtungsgegenstände?
   - Wo kaufen?
   - Kosten?
   - Transport?
   - Aufbau der Möbel?

   ### SITUATION B

   In Ihrer Stadt findet ein 3-tägiges Filmfestival statt, das Sie gerne besuchen möchten.

   Sie haben die Aufgabe, gemeinsam mit Ihrem Gesprächspartner / Ihrer Gesprächspartnerin diesen Festivalbesuch zu organisieren.

   Sie haben sich schon einen Zettel mit Notizen gemacht.

   Besuch eines Filmfestivals
   - Welche Filme?
   - Mit wem gehen Sie dorthin?
   - Eintrittskarten (reservieren / an der Festival-Kasse kaufen? Preise?)
   - Treffpunkt?
   - Was danach machen?

© Praxis

HÖR-MANAGER

Aufgabenblatt **31**

B1

Track 32

Radio-Werbespots

- **Aufgabe während des Hörens**

    1. Sie hören drei Werbespots. Wofür wird geworben? Verbinden Sie.

    WERBESPOT 1
    WERBESPOT 2
    WERBESPOT 3

    a. Computerspiele
    b. Radiosender
    c. Make-up
    d. Wintersportjacken
    e. Reisen
    f. Fitness-Studio

    2. Sie hören jetzt noch zwei Radio-Werbespots.
    Markieren Sie während des Hörens R = richtig bzw. F = falsch.

    WERBESPOT 4

    a. Es wird für Kleidung geworben. R F
    b. Die Ware ist jetzt mehr als 30 Prozent billiger. R F

    WERBESPOT 5

    a. Man kann bis zu 700 Euro sparen. R F
    b. Das Angebot gilt noch für viele Monate. R F

- **Aufgabe nach dem Hören**

    Wir haben einige Leute auf der Straße gefragt, wie sie über Werbung denken. Sie sagten:

    ① „Ich finde es richtig, dass Reklame mit schönen Männern und Frauen arbeitet."

    ② „Ich kann mir vorstellen, dass ein schlechtes Produkt durch eine gute Reklame sympathischer wird."

    ③ „Werbung für Mode spricht mich an, weil der neueste Trend gezeigt wird. Danach kann ich mich richten, damit ich so aussehe, wie die anderen, denn ich will auch „in" sein."

    ④ „Ich finde Reklame insgesamt sehr amüsant. Manchmal sage ich mir: So etwas würde ich auch gern machen."

    Stimmen Sie mit einer Aussage überein? Haben Sie eine andere Meinung? Diskutieren Sie im Kurs.

© Praxis

HÖR-MANAGER

Aufgabenblatt 32

Track 33

B1

Ein besonderes Event: Besuch im Dunkelrestaurant „unsicht-Bar" in Berlin

- **Aufgabe vor dem Hören**

    Was – glauben Sie – ist das Besondere des Dunkelrestaurants „unsicht-Bar"? Sammeln Sie Ideen im Kurs.

- **Aufgabe während des Hörens**

    Sie hören jetzt ein Interview mit Herrn Wacker, Besitzer des Dunkelrestaurants „unsicht-Bar" in Berlin. Dazu sollen Sie acht Aufgaben bearbeiten. Sie hören diesen Text zweimal. Bearbeiten Sie die Aufgaben beim ersten Hören oder danach. Lesen Sie jetzt die Aufgaben 1– 8.

    1. Wann und wo gab es das erste Dunkelrestaurant?
       _____

    2. Seit wann gibt es das Dunkelrestaurant „unsicht-Bar"?
       _____

    3. Wie viele Gäste hat das Restaurant durchschnittlich?
       _____

    4. Welche Angestellten, die in der „unsicht-Bar" arbeiten, sind blind oder sehbehindert?
       _____

    5. Beschreiben Sie – Schritt für Schritt – was passiert, wenn die Gäste kommen.

        a. Im Foyer bestellt man das _____.

        b. Dann werden die Gäste von einem _____ abgeholt.

        c. Die Gäste werden in den _____ geführt, wo das _____ serviert wird.

    6. Uhren und Handys sind im Restaurant „tabu". Erklären Sie, warum.
       _____

    7. Wie viele Gäste schaffen es nicht, ein paar Stunden in völliger Dunkelheit zu essen?
       _____

    8. a. Was sagt Herr Wacker über den Grad der Zufriedenheit der Gäste?
       _____

        b. Gibt es auch Gäste, die das Restaurant gerne noch einmal besuchen?
       _____

© Praxis

HÖR-MANAGER

Aufgabenblatt 32

B1

- **Aufgabe nach dem Hören**

   1. *Wie finden Sie die Idee, ein Dunkelrestaurant zu eröffnen? Es gibt drei in Deutschland (Berlin, Köln, Hamburg) und auch zwei in der Schweiz (Zürich, Basel). Diskutieren Sie im Kurs.*

   2. *Interessante und „andere" Restaurants. Lesen Sie den folgenden Text.*

   > Katja Eichbaum hat im November 2004 ein Restaurant für Menschen mit Essstörungen eröffnet. Es heißt „Sehnsucht" und liegt in der Dortmunder Straße in Berlin. Es ist das erste seiner Art in Deutschland.
   >
   > Restaurants für Vegetarier gibt es schon seit langem. Würden Sie es gut finden, wenn man auch Restaurants z.B. für Allergiker eröffnen würde? Oder für Menschen, die eine Diät einhalten müssen? Begründen Sie Ihre Meinung.

HÖR-MANAGER

Aufgabenblatt **33**

Track 34

„Kein Mitleid zeigen." – Ein Gespräch mit Sandy Lehmann

B1

- **Aufgabe während des Hörens**

Sie hören den Text zweimal. Dazu sollen Sie 10 Aufgaben lösen. Bei jeder Aufgabe sollen Sie feststellen: Habe ich das im Text gehört oder nicht? Wenn ja, markieren Sie beim ersten Hören oder danach **R** *= richtig, wenn nein, markieren Sie* **F** *= falsch. Lesen Sie jetzt die Aufgaben 1–10.*

1. Frau Lehmann ist seit ihrer Geburt stark sehbehindert. **R** **F**
2. Sie arbeitet seit knapp zwei Jahren als Kellnerin im Dunkelrestaurant in Berlin. **R** **F**
3. Was ihr an ihrer Arbeit gefällt, ist, dass sie als Blinde sehenden Menschen helfen kann. **R** **F**
4. Blinde Masseure sind bei den Kunden besonders beliebt. **R** **F**
5. Der deutsche Staat kümmert sich nach Ansicht von Frau Lehmann ausreichend um die Blinden. **R** **F**
6. Im Großen und Ganzen kommen blinde Menschen im Alltag gut ohne die Hilfe von Sehenden aus. **R** **F**
7. Kleidungsfarben „erkennen" Blinde dadurch, dass sie ihre Kleider immer genau sortieren. **R** **F**
8. Die so genannten „Blindensendungen" verschickt die Post kostenfrei. **R** **F**
9. Frau Lehmann empfindet es als nicht besonders unangenehm, dass sie nicht Auto fahren kann. **R** **F**
10. In ihrer Freizeit spielt Frau Lehmann Handball, Fußball und Volleyball. **R** **F**

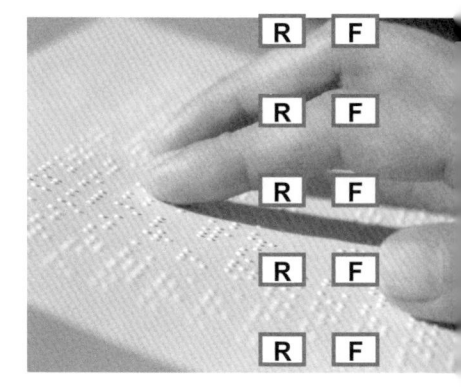

- **Aufgabe nach dem Hören**

Auf der Homepage der „unsicht-Bar" in Berlin (www.unsicht-Bar-Berlin.de) gibt es u.a. ein Gästebuch, wo Gäste geschrieben haben, wie sie den Besuch im Restaurant erlebt haben. Kommentieren Sie folgende Aussagen. Begründen Sie Ihre Meinung.

1. „Manchmal hatte ich das Gefühl, Teil eines Hörspiels zu sein."
2. „Es ist sehr entspannend, mal die Augen nicht benutzen zu müssen. Von fremden Menschen nur die Stimmen zu hören."
3. „Man fühlt sich seinen Freunden, aber auch Fremden viel näher."
4. „Mit viel Angst und Anspannung gekommen, haben wir schnell die Angst verloren."

© Praxis

HÖR-MANAGER

Aufgabenblatt 34

B1

Track 35

Ingeborg Zechner, eine 16-jährige Schülerin aus Österreich, stellt sich vor

- **Aufgabe vor dem Hören**

  Was bedeuten die folgenden Wörter und Ausdrücke?

  1. der Langschläfer
  2. aus den Federn müssen
  3. etw. ist brenzlig
  4. zeitaufwändig
  5. heuer
  6. quatschen
  7. der Wortschwall / die Redefreudigkeit
  8. etw./alles unter einen Hut bringen

  Stellen Sie Hypothesen an und arbeiten Sie mit einem Wörterbuch.

- **Aufgabe während des Hörens**

  Sie hören jetzt den Text. Sie hören diesen Text zweimal. Dazu sollen Sie 10 Aufgaben lösen. Bei jeder Aufgabe sollen Sie feststellen: Habe ich das im Text gehört oder nicht? Wenn ja, markieren Sie beim ersten Hören oder danach **R** *= richtig, wenn nein, markieren Sie* **F** *= falsch.*

  Lesen Sie jetzt die Aufgaben 1–10.

  1. Ingeborgs Gymnasium liegt etwa 20 km von ihrem Wohnort entfernt.   **R** **F**
  2. Früh aufzustehen ist für Ingeborg ein Problem.   **R** **F**
  3. Hausaufgaben und Vorbereitungen für einen Test oder eine Prüfung erledigt Ingeborg immer im letzten Moment.   **R** **F**
  4. Sport spielt in Ingeborgs Leben eine wichtige Rolle.   **R** **F**
  5. Sie nimmt auch heute noch regelmäßig an Wettkämpfen teil.   **R** **F**
  6. Sie verdient etwas Geld durch Erteilen von Langlaufunterricht.   **R** **F**
  7. Ingeborg hört nicht nur Rockmusik und Punk, sondern auch klassische Musik.   **R** **F**
  8. Früher hat Ingeborg selber Violine gespielt.   **R** **F**
  9. Sie singt mit Freunden zusammen in einem Chor.   **R** **F**
  10. Ingeborgs Freund hat sich von ihr getrennt, weil sie so viel redet.   **R** **F**

© Praxis

HÖR-MANAGER

Aufgabenblatt 35

Track 36

B2

„Betteln hört sich so furchtbar an."

- **Aufgabe vor dem Hören**

   Ein Bild betrachten: Wen und was sehen Sie? Welche Gefühle und Gedanken löst es bei Ihnen aus?

   1. *Gibt es in Ihrer Stadt (viele) Obdachlose? Wenn ja, in welchem Alter sind diese Menschen?*

   2. *Wie verhalten Sie sich diesen Menschen gegenüber?*

- **Aufgabe während des Hörens**

   Peter, 46, sitzt im Schneidersitz auf einer Decke, an eine Mauer in der Salzstraße gelehnt. Jeden Tag wartet er an irgendeinem Platz in Münsters Innenstadt darauf, dass jemand Geld in seine blaue Dose wirft, die er vor sich aufgestellt hat. Wie ca. 860 000 andere Menschen in Deutschland gehört Peter zu den Obdachlosen. Er hat keine feste Wohnung, keine Arbeit und seinen Lebensunterhalt verdient er mit Betteln.

   Sie hören nun den Text in zwei Abschnitten.

   ABSCHNITT 1

   Hören Sie den 1. Abschnitt und beantworten Sie die Fragen 1–4.

   1. Warum nennt Peter seinen Familiennamen nicht?

   _____

   2. Als was und wie lange hat Peter früher gearbeitet?

   _____

   3. Warum hat er seine Arbeit verloren?

   _____

   4. Hat Peter sich Mühe gegeben, eine neue Arbeit zu finden?

   _____

© Praxis

HÖR-MANAGER

Aufgabenblatt 35

B2

ABSCHNITT 2

Hören Sie nun den 2. Abschnitt und bearbeiten Sie die Aufgaben 5–10.

5. Welche Rolle hat der Alkohol in seinem Leben gespielt?

    a Jetzt trinkt er keinen Alkohol mehr, weil das einfach zu teuer ist.

    b Als Jugendlicher hat er sehr viel Alkohol getrunken.

    c Man hat ihn oft aus Kneipen und Bars rausgeworfen.

6. Wie viel „verdient" Peter jeden Tag?

    a Nicht so viel, dass er in einer Pension übernachten kann.

    b Es gibt gute Tage und schlechte Tage.

    c Gerade genug, um sich etwas zu essen und zu trinken zu kaufen.

7. Wenn Peter Geld hat, ...

    a mietet er eine Wohnung.

    b übernachtet er in einer Pension.

    c schläft er trotzdem auf der Straße.

8. Dass Passanten ihn manchmal komisch angucken, ...

    a ist Peter egal.

    b findet Peter normal.

    c ist Peter unangenehm.

9. Seine Kleidung bekommt Peter ...

    a von einer Obdachlosen-Organisation.

    b vom Sozialamt.

    c vom Roten Kreuz.

10. Peter sagt: „Es ist kein schönes Gefühl, anderen Menschen auf der Tasche zu liegen."
    Was bedeutet der Ausdruck „anderen auf der Tasche liegen"?

    a Man steckt sich viele Sachen in die eigene Tasche.

    b Viele volle Taschen liegen um einen herum.

    c Man lebt vom Geld anderer.

© Praxis

HÖR-MANAGER

Aufgabenblatt 36

Track 37

B2

„München – schön, aber teuer."

- **Aufgabe vor dem Hören**

    Was wissen Sie über München? Erzählen Sie.

- **Aufgabe während des Hörens**

    A. Eine Umfrage: Acht Münchner erzählen, was sie über ihre Heimatstadt denken.

    Sie hören die Antworten zweimal. Notieren Sie Stichworte.

    | Mario | _____ |
    | Alex | _____ |
    | Oliver | _____ |
    | Björn | _____ |
    | Nadine | _____ |
    | Anke | _____ |
    | Nikole | _____ |
    | Frau Frank | _____ |

    B. Hören Sie die Umfrage noch einmal und ergänzen Sie Ihre Notizen.
    Tragen Sie sie anschließend in die Tabelle ein.

    Welche Vor- und Nachteile gibt es, wenn man in München wohnt?

Vorteile	Nachteile
■ extrem hoher Freizeitwert → im Winter: Snowboard fahren	

- **Aufgabe nach dem Hören**

    Berichten Sie über Ihren Wohnort: Teuer? Gute Unterhaltungsmöglichkeiten?
    Umgebung interessant?

© Praxis

HÖR-MANAGER

Aufgabenblatt 37

B2

Track 38

Nachrichten (3)

- **Aufgabe während des Hörens**

Sie hören jetzt 3 Nachrichten. Zu jeder Nachricht sollen Sie einige Fragen beantworten. Lesen Sie sich die Fragen zuerst durch. Sie hören dann jede Nachricht zweimal.

NACHRICHT 1

1. Was ist ein „Yumel"?

2. Warum hat man angefangen, dieses Spielzeug herzustellen?

3. Wie viele Japaner sind älter als 100 Jahre?

NACHRICHT 2

1. Wie viele Anhänger der rechtsradikalen Szene kamen zum Konzert?

2. Für wie viele Personen bot der Konzert-Saal eigentlich Platz?

2. Wie ist die Auflösung des Konzerts verlaufen?

NACHRICHT 3

1. Wie viele Personen saßen im Wagen?

2. Wie viele Personen starben bei dem Autounfall?

3. Was erfahren wir über die Ursache des Unfalls?

4. Was passierte mit dem Fahrer?

⇨

© Praxis

HÖR-MANAGER

Aufgabenblatt 37

B2

- **Aufgabe nach dem Hören**

Ergänzen Sie die beiden Texte (Nachricht 1 + Nachricht 3) mit den Wörtern im Kasten. Beide Male bleiben zwei Wörter übrig.

NACHRICHT 1

> Beispiel – besonders – erfunden – Freude – froh – gleichzeitig – Glück – später – sprechende – umgerechnet – verkaufen – weniger

In Japan können sich alte Menschen jetzt eine (1) _____ Puppe aus Plastik kaufen. Die soll ihnen als Ersatz-Enkelkind dienen. „Yumel", so heißt die Puppe, kostet (2) _____ 61 Euro und kann 1200 Worte sprechen. Sie kann zum (3) _____ „Guten Morgen" und „Gute Nacht" sagen. Die Firmen, die in Japan Spielzeug (4) _____, haben bislang nur Spielzeug für Kinder und Jugendliche hergestellt. Jetzt sind sie (5) _____, dass sie etwas (6) _____ haben, das alte Menschen bei ihnen kaufen können. Denn in Japan gibt es immer (7) _____ Kinder und Jugendliche und dafür immer mehr alte Menschen. Der Grund für die (8) _____ der Spielzeughersteller ist also eigentlich kein guter: In Japan werden – im Vergleich zu anderen Ländern – (9) _____ wenige Kinder geboren und (10) _____ werden die Menschen in Japan besonders alt: Über 23 000 Japaner sind älter als 100 Jahre.

NACHRICHT 3

> abgeholt – am – besetzte – frontal – im – Leben – leichten – stammende – verlassene – verletzt

Bei einem Autounfall in der Nähe von Hannover sind in der Nacht zum Sonntag vier Menschen ums (1) _____ gekommen. Drei weitere Personen wurden (2) _____. Nach den Ermittlungen der Polizei war der mit sieben Menschen (3) _____ Wagen auf gerader Straße abgekommen und (4) _____ gegen einen Baum geprallt. Die Ursache war zunächst unklar. Zwei Männer (5) _____ Alter von 32 und 24 Jahren sowie zwei 19 Jahre alte Frauen starben noch (6) _____ Unfallort. Zwei aus dem Irak (7) _____ Mitfahrer wurden schwer verletzt. Der 25 Jahre alte Fahrer überstand den Unfall mit (8) _____ Verletzungen.

© Praxis

HÖR-MANAGER

Aufgabenblatt 38

B2

Track 39 — **In der Stadt oder auf dem Land wohnen?**

- **Aufgabe während des Hörens**

Christopher Dehler (24) wohnt in Hamburg. Sara Wiest (19) wohnt in Nattheim, einem kleinen Ort in Süddeutschland.

Sie hören nun die Interviews. Dazu sollen Sie 9 Aufgaben lösen. Sie hören jeden Text zweimal. Kreuzen Sie beim ersten Hören oder danach die Lösung a, b oder c an. Lesen Sie sich zuerst die Fragen durch.

CHRISTOPHER DEHLER

1. Womit hatte Christopher immer Probleme, als er vor ungefähr acht Jahren auf dem Land wohnte?

   a) Freunde zu treffen
   b) in die Stadt zu kommen
   c) ins Kino zu gehen

2. Welchen großen Vorteil gibt es laut Christopher, wenn man in einer Großstadt wie Hamburg lebt?

   a) Es ist einfacher, eine gute Arbeit zu finden.
   b) Man muss nicht daran denken, die Freizeit zu planen.
   c) Man muss kein Auto haben.

3. Welchen großen Nachteil gibt es seiner Meinung nach?

   a) Man fühlt sich nicht immer sicher.
   b) Die U-Bahn ist oft verspätet.
   c) Es ist oft schwierig, einen Parkplatz zu finden.

4. Was sagt Christopher über seine Freundin?

   a) Sie wohnt in der Nähe von Hamburg.
   b) Sie will abends nicht mit der U-Bahn fahren.
   c) Sie will nicht mehr in Hamburg wohnen.

5. Kann er sich vorstellen, später auf dem Land zu wohnen?

   a) Ja, wenn er in Hamburg keine Arbeit findet.
   b) Ja später, wenn er Kinder hat und vielleicht eine Arbeit auf dem Land bekommt.
   c) Ja, wenn seine Freundin nichts dagegen hat.

⇨

© Praxis

65

HÖR-MANAGER

Aufgabenblatt 38

B2

SARA WIEST

6. Warum, meint Sara, ist es schön, in einem Ort wie Nattheim zu wohnen?
   - [a] Weil es so viele schöne Kirchen gibt.
   - [b] Weil man sehr viele Nachbarn kennt.
   - [c] Es ist immer schön, in der Dorfmitte in einem schönen Café zu sitzen.

7. Was findet sie nicht so gut?
   - [a] Es gibt fast keine Geschäfte.
   - [b] Es gibt nicht so viele nette Jungs.
   - [c] Es gibt viel Dorf-Klatsch.

8. Diskos gibt es keine in Nattheim. Was gibt es aber einmal im Monat?
   - [a] Ein Open-Air-Kino an einem Wochenende.
   - [b] Ein Café, wo sich die Jugendlichen treffen können.
   - [c] Ein Musikfestival mit verschiedenen Musikrichtungen.

9. Warum kann sich Sara nicht vorstellen, in einer Großstadt zu leben?
   - [a] Es gibt zu viel Stress.
   - [b] Es ist dort schwieriger, Freunde kennen zu lernen.
   - [c] Es gibt zu wenig Platz für Tiere.

© Praxis

HÖR-MANAGER

Aufgabenblatt 39

B2

Track 40

Auf Wohnungssuche

- **Aufgabe vor dem Hören**

  Was bedeuten die folgenden Wörter?

  1. eine Wohnung mieten / vermieten
  2. die Mietwohnung
  3. die Eigentumswohnung
  4. die Kaltmiete / Warmmiete
  5. die Nebenkosten
  6. die Zentralheizung
  7. das Erdgeschoss
     das erste / zweite / ... Obergeschoss / Stockwerk
     der erste / zweite / ... Stock
     die erste / zweite / ... Etage
  8. renovierungsbedürftig / renoviert
  9. möbliert / unmöbliert

  Stellen Sie Hypothesen an und arbeiten Sie mit dem Wörterbuch.

- **Aufgabe während des Hörens**

  Frau Birgit Gaißer will ihre Wohnung in Berlin vermieten. Herr Braunmüller aus Freiburg ruft Frau Gaißer an, um sich über die Wohnung zu informieren.
  Sie hören das Gespräch einmal. Bearbeiten Sie die Aufgaben 1–10.

  1. Wo genau liegt die Wohnung? (2 Angaben)
     _____

  2. Herr Braunmüller möchte wissen, ob es in der Wohnung _____ und _____ gibt.

  3. Das _____ ist 18 m² das _____ 12 m² groß.

  4. Die Küche ist _____ und das Bad ist _____.

  5. Die _____ könnten neu lackiert werden.

  6. Die Kaltmiete beträgt _____ €.

  7. Die Nebenkosten liegen im Sommer bei _____ €, im Winter sind sie wegen der _____ höher.

  8. Die Wohnung hat auch einen kleinen _____.

  9. Herr Braunmüller möchte _____ einziehen.

  10. Frau Gaißer ist nächste Woche nicht da, aber ihre _____ kann Herrn Braunmüller die Wohnung zeigen.

  ⇒

© Praxis

HÖR-MANAGER

Aufgabenblatt 39

B2

- **Aufgabe nach dem Hören**

Beschreiben Sie Ihre Wohnsituation: Wo und wie wohnen Sie? Wohnen Sie gerne so und dort? Würden Sie lieber woanders wohnen?

Benutzen Sie Wörter aus den folgenden Kästen.

wo?
- auf dem Land
- in der Stadt
- am Stadtrand
- in einem Vorort
- an der Küste
- in den Bergen

in einem ...
- Einfamilienhaus
- Mehrfamilienhaus
- Hochhaus
- Reihenhaus

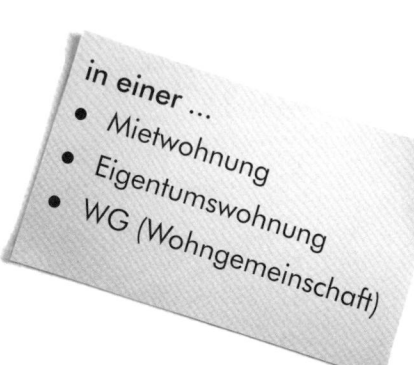

in einer ...
- Mietwohnung
- Eigentumswohnung
- WG (Wohngemeinschaft)

wie viele und welche Zimmer?
- Badezimmer
- Küche
- Wohnzimmer
- Schlafzimmer
- Gästezimmer
- Arbeitszimmer

wie / mit wem (zusammen)?
- allein
- meinem Freund / meiner Freundin
- meinem Mann / meiner Frau
- meiner Familie
- meinen Tieren

Zustand
- in gutem Zustand
- renoviert / modernisiert
- renovierungsbedürftig
- hell
- ruhig

Etage
- das Erdgeschoss
- der erste/zweite Stock
- das erste/zweite Stockwerk
- die dritte Etage

Extras
- möbliert
- der Balkon
- der Holzfußboden
- der Parkplatz / die Garage
- Haustiere erlaubt

© Praxis

HÖR-MANAGER

Aufgabenblatt 40

Track 41

B2

Unser Team braucht Verstärkung – zehn Stellenanzeigen

- **Aufgabe während des Hörens**

   A. Sie hören zehn Stellenanzeigen. Notieren Sie, um welche Berufe / Stellen es geht.

   1. _____
   2. _____
   3. _____
   4. _____
   5. _____
   6. _____
   7. _____
   8. _____
   9. _____
   10. _____

   B. *Partnerarbeit:* Hören Sie alle Stellenanzeigen noch einmal. Ergänzen Sie das Raster. Nicht immer gibt es zu allen Kategorien Informationen.

	wer?	(ab) wann?	wo?	Gehalt?	Sonstiges?
1.	3 Zahnärzte	ab sofort	in Nordnorwegen	47.000 € / Jahr	3 Monate Sprachkurs gratis
2.					
3.					
4.					
5.					
6.					
7.					
8.					
9.					
10.					

© Praxis

HÖR-MANAGER

Aufgabenblatt 41

Track 42

„Sind Sie mit Ihrem Beruf zufrieden?"

B2

- **Aufgabe während des Hörens**

  Fünf Deutsche erzählen über ihre Berufe.

  1. Hören Sie die Texte zweimal und ergänzen Sie das Raster mit Stichworten.

	Beruf	Was ist positiv?	Was ist negativ?
Markus Dittrich			
Angelika Jirschik			
Christina Horst			
Stephan Sigg			
Markus Weig			

  2. Berichten Sie mit Hilfe Ihrer Notizen – mündlich oder schriftlich – von einer der 5 Personen.

- **Aufgabe nach dem Hören**

  1. Was finden Sie im Beruf am wichtigsten? Wählen Sie fünf Kriterien aus und begründen Sie Ihre Wahl.

     - ein gutes Einkommen haben / ein gutes Gehalt haben / viel Geld verdienen
     - nette Kollegen haben
     - einen guten Chef haben
     - im Team arbeiten
     - gute Arbeitsbedingungen haben
     - gute Zukunftsaussichten / Aufstiegschancen haben
     - interessante und abwechslungsreiche Aufgaben haben
     - Kontakt zu Menschen / zu Tieren haben
     - im Freien arbeiten

     Ich finde es am wichtigsten ..., weil ...

     Für mich ist es sehr wichtig ...

  2. Ist Ihr jetziger Beruf Ihr Traumberuf? Warum (nicht)?

© Praxis

HÖR-MANAGER

Aufgabenblatt 42

B2

Track 43

Helgoland – der rote Felsen

- **Aufgabe vor dem Hören**

In dieser Hörübung werden Sie die Insel Helgoland kennen lernen. Markieren Sie ihre Position auf der Landkarte.

- **Aufgabe während des Hörens**

A. Hören Sie sich den Text an und machen Sie sich Notizen zu den folgenden Fragen:

1. Wo liegt Helgoland?
2. Wie groß ist die Insel?
3. Wie viele Menschen wohnen da?
4. Wie viele Gäste pro Tag gibt es im Sommer?
5. Warum fahren so viele Touristen dahin?
6. Was wird für junge Leute angeboten?
7. Wie groß ist die Schule auf Helgoland?
8. Welche interessante Sehenswürdigkeit wird erwähnt?
9. Wie erreicht man Helgoland?

© Praxis

HÖR-MANAGER

Aufgabenblatt 42

B2

B. Hören Sie den Text noch einmal und ergänzen Sie die Lücken (eine Lücke = ein Wort).

Mitten in der Nordsee liegt Helgoland, Deutschlands einzige Hochseeinsel. Helgoland (1) _____ aus einer Hauptinsel, die 1,0 Km2 groß ist, sowie aus der 0,7 Km2 großen Düneninsel. Ca. 1500 Menschen leben (2) _____ Helgoland. Im (3) _____ aber kommen bis zu 7000 Tagesbesucher. Die Bevölkerung Helgolands lebt daher zum größten (4) _____ von Einnahmen aus dem Tourismus. Die (5) _____ Gäste wollen billig einkaufen, denn Helgoland ist ein richtiges Einkaufsparadies. Es ist nämlich die einzige deutsche Insel, auf der man zollfrei (6) _____ kann. Aber es gibt natürlich viele andere Dinge, die die Gäste aus allen Himmelsrichtungen anziehen: die roten Felsen, die weißen (7) _____, das blaugraue (8) _____ ringsum, die schöne (9) _____ mit vielen seltenen Seevögeln usw. Für junge Leute gibt's natürlich viel zu tun: (10) _____, zwei Diskos, in den Sommermonaten viele Inselfeste. Die Schule auf Helgoland geht nur bis zur 10. Klasse, so dass die (11) _____, die das Abitur machen wollen, aufs Festland ins Internat müssen. Von den Sehenswürdigkeiten kann man z.B. die Vogelwarte erwähnen. Das ist ein Institut für Vogelforschung. Die Mitarbeiter des Instituts beringen durchschnittlich ca. 15 000 Zugvögel (12) _____ Jahr. Und wie erreicht man Helgoland? Es gibt natürlich viele (13) _____. Warum nicht mit dem Hochgeschwindigkeitskatamaran von Hamburg (14) _____? Nach 3,5 Stunden Fahrzeit erreicht man die rote Insel in der (15) _____.

- **Aufgabe nach dem Hören**

  Wenn Sie Lust und Zeit haben, können Sie unter der Adresse www.helgoland.de mehr Information über Helgoland bekommen.

© Praxis

HÖR-MANAGER

Aufgabenblatt 43

B2

Track 44

„Wien, Wien, nur du allein ..."

- **Aufgabe vor dem Hören**

    Mit Wien verbindet man Folgendes aus den Bereichen Musik, Kultur, Architektur, Geschichte und Geografie:

    1. klassische Musik
    2. Wiener Walzer
    3. Wiener Sängerknaben
    4. Prater
    5. Wiener Schnitzel
    6. Stephansdom
    7. Donau
    8. Fiaker
    9. Wiener Kaffeehäuser
    10. Schloss Schönbrunn

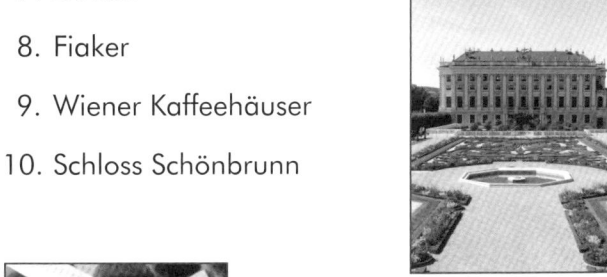

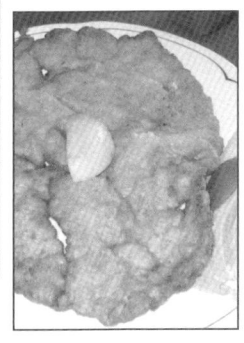

Was kennen Sie? Worüber können Sie berichten? Ordnen Sie jede Überschrift dem entsprechenden Foto zu.

⇨

© Praxis

HÖR-MANAGER

Aufgabenblatt 43

B2

- **Aufgabe während des Hörens**

  Sie hören nun den Text in zwei Abschnitten.

  ABSCHNITT 1

  Hören Sie den 1. Abschnitt und machen Sie sich Notizen zu den folgenden Stichworten:

  1. die Stadt Wien

  _____

  2. die Geschichte Wiens

  _____

  3. die Ringstraße

  _____

  4. der Stephansdom

  _____

  _____

  _____

  _____

  ABSCHNITT 2

  Hören Sie den 2. Abschnitt und machen Sie sich Notizen zu den folgenden Stichworten:

  5. der Prater

  _____

  6. die Donauinsel

  _____

  7. klassische Musik-Komponisten

  _____

  8. die Wiener Sängerknaben

  _____

© Praxis

HÖR-MANAGER

Aufgabenblatt 44

B2

Track 45

Nachts wandern für mehr Sicherheit

- **Aufgabe vor dem Hören**

1. Was versteht man wohl unter:

   a. einem „Nachtwanderer"?

   b. der „Wegguck-Mentalität"?

Sammeln Sie Ideen im Kurs. Schlagen Sie eventuell in einem Wörterbuch nach.

2. Welche Wörter bzw. Ausdrücke bedeuten dasselbe? Ordnen Sie zu.

   1. die Auseinandersetzung   a. [hier:] der Geburtsort
   2. im Einsatz sein   b. [hier:] das Geld
   3. die Kohle   c. die Gleichgültigkeit
   4. klassisch   d. in Aktion treten
   5. die Nachtwanderer (Pl.)   e. Nachahmer finden
   6. Schule machen   f. nächtliche Spaziergänger
   7. die Wegguck-Mentalität   g. der Streit
   8. die Wiege   h. typisch

1	2	3	4	5	6	7	8
		b					

- **Aufgabe während des Hörens**

Sie hören nun einen Bericht über die „Nachtwanderer" in Bremen. Dazu sollen Sie 6 Aufgaben lösen. Sie hören diesen Text zweimal. Bei jeder Aufgabe sollen Sie feststellen, welche Aussage (a, b oder c) richtig ist. Lesen Sie jetzt die Aufgaben 1–6.

1. Monika ist unruhig, weil ...

   a sie heute ihren 60. Geburtstag feiert.
   b ihre Tochter noch nicht zu Hause ist.
   c sie heute zum ersten Mal als Nachtwanderer arbeitet.

2. Die Menschen, die als Nachtwanderer unterwegs sind, ...

   a wollen sich um die Jugendlichen kümmern.
   b verstehen ihre Tätigkeit als christliche Aktion.
   c wollen der Polizei helfen.

© Praxis

HÖR-MANAGER

Aufgabenblatt 44

B2

3. Um eine Auseinandersetzung mit den türkischen Jugendlichen zu verhindern, ...

   - [a] rufen sie per Handy sofort die Polizei an.
   - [b] fordern sie die Jugendlichen auf, nach Hause zu gehen.
   - [c] beginnen sie ein Gespräch mit den Jugendlichen.

4. Viele Jugendliche fragen:

   - [a] Wie lange bleiben Sie hier?
   - [b] Machen Sie das wirklich ohne Bezahlung?
   - [c] Was wollen Sie eigentlich?

5. In Stockholm gibt es Nachtwanderer seit

   - [a] 1987.
   - [b] 1978.
   - [c] 1967.

6. Die Nachtwanderer wollen ...

   - [a] die Passivität der Gesellschaft bekämpfen.
   - [b] in ihrer Freizeit etwas Geld verdienen.
   - [c] eine Zusammenarbeit zwischen den europäischen Ländern aufbauen.

- **Aufgabe nach dem Hören**

   Ergänzen Sie die Lücken mit den Wörtern aus dem Kasten. Zwei Wörter bleiben übrig.

   > breit – kämpfen – kümmern – nachts – rechnet – sank – stieg – warten – zählt

   Die Wiege der Initiative ist Stockholm. „Wir brauchen Erwachsene, die sich (1) _____", lautet das Motto der schwedischen Nachwanderer. Seit 1987 sind hier Erwachsene (2) _____ auf den Straßen unterwegs, statt besorgt wach zu liegen und darauf zu (3) _____, dass ihre Kinder nach Hause kommen. Inzwischen (4) _____ man in Schweden jährlich etwa 200.000 Nachwanderer, über 300 Orte verteilt. Auch in Norwegen, Dänemark und Estland macht die Initiative Schule. In vielen Orten (5) _____ die Jugend-Kriminalität, weil die Nachwanderer im Einsatz waren. „In unserer Gesellschaft hat sich eine Weggguck-Mentalität (6) _____ gemacht. Dagegen wollen wir (7) _____", sagt Monika.

76 © Praxis

HÖR-MANAGER

Aufgabenblatt 45

B2

Track 46

„Sterben müssen alle einmal."

- **Aufgabe vor dem Hören**

  Die Statistik zeigt, dass fast jeder dritte Jugendliche in der EU regelmäßig raucht, obwohl alle wissen, dass es viele Krankheiten gibt, die in Folge des Rauchens auftreten können.

  Was meinen Sie: Warum rauchen so viele junge Menschen?

- **Aufgabe während des Hörens**

  Sabine erzählt, wann und wie sie mit dem Rauchen angefangen hat.
  Lesen Sie die Fragen durch, hören Sie den Text und beantworten Sie dann die Fragen.

  1. Wann hat Sabine mit dem Rauchen angefangen? _____

  2. a. Wie viel Geld gibt sie monatlich für Zigaretten aus? _____

     b. Wie viele Zigaretten raucht sie pro Tag? _____

  3. Warum hat sie mit dem Rauchen angefangen?
     _____

  4. Wie kam ihre Mutter auf den Verdacht, dass Sabine raucht?
     _____

  5. Welche Ausrede hatte Sabine immer bereit?
     _____

  6. Warum darf Sabine zu Hause rauchen?
     _____

  7. Was hat das Billardspielen mit dem Rauchen zu tun?
     _____

- **Aufgabe nach dem Hören**

  Gruppenarbeit: Diskutieren Sie in kleinen Gruppen folgende Fragen:

  1. Können Sie Sabines Einstellung zum Rauchen / zum Leben verstehen? Warum (nicht)?

  2. Die Statistik zeigt, dass mehr Mädchen als Jungen mit dem Rauchen anfangen. Woran, meinen Sie, liegt das?

  3. Welche Verantwortung vorziehen die Eltern?

© Praxis

HÖR-MANAGER
Transkription der Hörtexte

1 „Einsteigen bitte!"
– Einsteigen bitte!
– Zurückbleiben bitte!
– Nächste Station: Alexanderplatz. Übergang zu den U-Bahnlinien 3, 5, 8, zur S-Bahnlinie 27 und zum Regionalverkehr. Ausstieg links.
– Nächste Station: Friedrichstraße. Übergang zu den S-Bahnlinien 1, 2, 25, 33, 77 und zu der U-Bahnlinie 6. Ausstieg links.
– Nächste Station: Charlottenburg. Übergang zu der U-Bahnlinie 7 und zur Busverbindung zum Flughafen Tegel. Ausstieg links.
– Nächste Station: Westkreuz. Übergang zu den S-Bahnlinien 41, 45, 54, 67 und 81 und zur U-Bahnlinie 9. Ausstieg links.
– Nächste Station: Olympiastadion. Ausstieg links.
– Nächste Station: Spandau. Endstation. Alle aussteigen! Der Zug endet hier. Übergang zur U-Bahnlinie 7 und zum Regional- und Fernverkehr. Ausstieg rechts.

2 Lotto spielen: 6 aus 49
1. Nun die Lottozahlen. Folgende sechs Gewinnzahlen wurden gezogen: 14, 15, 17, 25, 34, 42 und die Zusatzzahl 41. Angaben ohne Gewähr.
2. Hier die Lottozahlen vom Samstag: 7, 10, 16, 26, 38, 49 und die Zusatzzahl 27. Angaben wie immer ohne Gewähr.
3. Und hier die Lottozahlen: Sie lauten 15, 18, 25, 27, 37, 46 und die Zusatzzahl 8.
4. Hier die Lottozahlen vom Mittwoch: 3, 11, 22, 33, 39, 43 und die Zusatzzahl 19. Diese Angaben sind wie immer ohne Gewähr.

3 Was gibt's heute Abend im Fernsehen?

DAS FERNSEHPROGRAMM
19.00	Heute (Nachrichten)
19.20	Wetter
19.25	Der Fürst und das Mädchen, Serie, Deutschland 2004
20.15	Mr. Bean 4 – Mr. Bean geht in die Stadt, Fernsehserie, Großbritannien 1990
21.00	Wenn Menschen einfach veschwinden, Film von Claus Hanischdörfer
21.45	Heute-Journal (Nachrichten)
22.13	Wetter
22.15	Berlin Mitte, Talkshow mit Maybrit Illner
23.00	Ein unmöglicher Mann, Krimi-Serie, Deutschland 2005
00.30	Heute Nacht (Nachrichten)

4 Tournee mit der Gruppe „Rammstein"
Das erste Konzert ist am 5.2. in München. Nach einer Pause von vier Tagen tritt „Rammstein" am 9.2. in Zürich auf, also in der Schweiz. Und weiter geht's: am 13.2. in Bern und am 16.2. in Wien. Der letzte Auftritt im Februar ist in Leipzig, und zwar am 27.2.
Im März sieht der Tourneeplan so aus: Am 8.3. ist „Rammstein" in Köln, am 10. und 11.3. in Hamburg. Die Abschlusskonzerte finden vom 21. bis 23.3. in Berlin statt.

5 Gespräche mit der Auskunft

GESPRÄCH 1
Frau Kunze: 11833. Sie sprechen mit Claudia Kunze. Guten Tag.
Kunde: Guten Tag. Könnten Sie mir bitte die Telefonnummer von Carsten Fischer in München geben?
Frau Kunze: Wird Carsten mit „K" oder „C" geschrieben?
Kunde: Mit „C".
Frau Kunze: Die Telefonnummer wird Ihnen angesagt.
Kunde: Entschuldigung, könnten Sie mir bitte auch noch die genaue Anschrift durchgeben?
Frau Kunze: Ja, das ist Winterstraße 17.
Kunde: Danke.
Frau Kunze: Die Telefonnummer wird Ihnen angesagt. Darf ich Sie anschließend gleich mit der Nummer verbinden?
Kunde: Ja, bitte.
Frau Kunze: Auf Wiederhören.
Kunde: Auf Wiederhören.
Ansage: Wir verbinden Sie mit der Nummer: 089 68 72 08 65.

GESPRÄCH 2
Frau Heuschmid: 11833. Mein Name ist Britta Heuschmid. Guten Tag.
Kundin: Guten Tag. Könnten Sie mir bitte die Telefonnummer der Deutschen Botschaft in Stockholm geben?
Frau Heuschmid: Da müssen Sie bitte die Auslandsauskunft anrufen. Wir vermitteln nur Nummern im Inland.
Kundin: Ach so. Könnten Sie mir bitte die Nummer der Auslandsauskunft durchgeben?
Frau Heuschmid: Ja. Die Telefonnummer wird Ihnen angesagt. Darf ich Sie anschließend gleich mit der Nummer verbinden?
Kundin: Ja, bitte.

© Praxis

HÖR-MANAGER — Transkription der Hörtexte

Ansage:	Sie werden mit der Nummer 11834 verbunden.
Herr Schopp:	11834. Sie sprechen mit Alexander Schopp. Guten Tag.
Kundin:	Guten Tag. Könnten Sie mir bitte die Telefonnummer der Deutschen Botschaft in Stockholm geben?
Herr Schopp:	Die Deutsche Botschaft in Stockholm?
Kundin:	Ja, genau.
Herr Schopp:	Einen Moment bitte. Die Telefonnummer wird Ihnen angesagt. Darf ich Sie anschließend mit der Nummer verbinden?
Kundin:	Nein, danke
Herr Schopp:	Schönen Dank. Auf Wiederhören.
Kundin:	Auf Wiederhören.
Ansage:	Die Landesvorwahl lautet: 0046. Die Ortsvorwahl lautet: 8. Die Nummer lautet: 67 01 500. Ich wiederhole: Die Landesvorwahl lautet: 0046. Die Ortsvorwahl lautet: 8. Die Nummer lautet: 67 01 500.

GESPRÄCH 3

Frau Keller:	11833. Mein Name ist Sabine Keller. Guten Tag.
Kunde:	Grüß Gott. Könnten Sie mir bitte die Telefonnummer von „Bei Tante Klara" in Bonn geben, das ist ein Restaurant.
Frau Keller:	Einen Moment, bitte. Die Telefonnummer wird Ihnen angesagt. Darf ich Sie anschließend gleich mit der Nummer verbinden?
Kunde:	Nein, danke.
Frau Keller:	Gut. Auf Wiederhören.
Kunde:	Auf Wiederhören.
Ansage:	Die gewünschte Rufnummer lautet: 46 74 82. Die Vorwahl lautet: 0228. Ich wiederhole: Die gewünschte Rufnummer lautet: 46 74 82. Die Vorwahl lautet: 0228.

6 Alltagssituationen (1)

DIALOG 1

Kunde:	Guten Tag.
Apothekerin:	Guten Tag.
Kunde:	Aspirin hätte ich gern.
Apothekerin:	In welcher Form – zum Schlucken oder zum Auflösen?
Kunde:	Ich hätte gern Brausetabletten.
Apothekerin:	Es gibt Packungen mit 10, 20 oder 40 Tabletten. Würden 10 reichen?
Kunde:	Nein, ich nehme 20.
Apothekerin:	Dann macht das 7,75 Euro, bitte.
Kunde:	Bitte schön.
Apothekerin:	Danke. 2,25 Euro zurück. Eine kleine Tüte für Sie?
Kunde:	Ja, gerne. Danke. Auf Wiedersehen.
Apothekerin:	Auf Wiedersehen. Einen schönen Tag noch.
Kunde:	Danke gleichfalls. Auf Wiedersehen.

DIALOG 2

Bedienung:	Guten Tag. Bitte schön?
Nicole:	Guten Tag. Ich hätte gern einen Apfelstrudel mit Vanilleeis.
Bedienung:	Mit Sahne?
Nicole:	Ja, bitte.
Bedienung:	Und zum Trinken?
Nicole:	Eine Tasse Kaffee, bitte.
Bedienung:	Und was bekommen Sie?
Michael:	Ich hätte gern was zu essen. Haben Sie heute irgendein Tagesgericht?
Bedienung:	Ja, die Tagesgerichte stehen hier auf der Karte.
Michael:	O.k. Dann bekomme ich ein Wiener Schnitzel mit Bratkartoffeln und dazu einen knackigen Salat.
Bedienung:	Und zum Trinken?
Michael:	Ein Bier, bitte.
Michael:	Wir möchten gern zahlen.
Bedienung:	Zusammen oder getrennt?
Michael:	Zusammen, bitte.
Bedienung:	Einen Apfelstrudel mit Vanilleeis, eine Tasse Kaffee, Wiener Schnitzel und ein Bier … das macht 18,90 Euro.
Michael:	Bitte schön, 20 Euro, stimmt so.
Bedienung:	Vielen Dank. Einen schönen Nachmittag noch.
Michael:	Danke gleichfalls. Tschüs!
Bedienung:	Tschüs!

DIALOG 3

Herr Wolf:	Guten Abend.
Wirt:	Grüß Gott.
Herr Wolf:	Haben Sie noch ein Zimmer frei für eine Familie mit zwei Kindern?
Wirt:	Das habe ich frei, ja. Für eine Nacht, oder wie lange wollen Sie bleiben?
Herr Wolf:	Für eine Nacht. Wir fahren morgen wieder. Wie viel kostet das?
Wirt:	Wie alt sind die Kinder?
Herr Wolf:	Die sind zwei und sieben.

© Praxis

Wirt:	Für kleine Kinder verlangern wir nichts. Dann berechnen wir den Doppelzimmerpreis, das sind 62 Euro die Nacht mit Frühstück. Toilette und Dusche sind bei uns auf dem Gang.
Herr Wolf:	Das klingt ja nicht schlecht. Und wann gibt's morgen Frühstück?
Wirt:	Von 8 Uhr bis 10 Uhr. Der Frühstücksraum ist hier auf dieser Etage.
Herr Wolf:	Bis wann müssen wir denn aus dem Zimmer raus sein?
Wirt:	Bis 11 Uhr sollten Sie das Zimmer geräumt haben.
Herr Wolf:	Wir sind mit dem Auto da. Kann man hier irgendwo parken?
Wirt:	Ja, ich habe hier einen Umgebungsplan. Die Parkmöglichkeiten wären hier gebührenfrei. Es ist eine Querstraße weiter, aber es sind keine fünf Minuten zu laufen.
Herr Wolf:	Nehmen Sie Kreditkarten?
Wirt:	Nein, wir nehmen nur Barzahlung.
Herr Wolf:	Gut. Ja, dann machen wir das so. Vielen Dank.
Wirt:	Bitte schön.

7 „Was ist denn passiert?"

- Weißt du, ob Stefan heute kommt?
- ▲ Nein, er kommt nicht. Er hatte gestern einen Unfall.
- Was ist denn passiert?
- ▲ Er hat sich beim Skifahren ein Bein gebrochen.
- O je, ist er im Krankenhaus?
- ▲ Ja, er musste sofort operiert werden.
- Weißt du, wie lange er im Krankenhaus bleiben muss?
- ▲ Ich weiß nicht, aber sicher ein paar Wochen.
- Dann müssen wir ihn besuchen. Kannst du heute Abend?
- ▲ Ja, und wann?
- Wir können uns ja um 7 vor dem Krankenhaus treffen.
- ▲ Okay, dann kaufe ich ihm ein kleines Geschenk.

8 „Entschuldigung, wo liegt die Goethestraße?"

DIALOG 1
– Entschuldigen Sie bitte, wissen Sie, wo die Goethestraße liegt?
– Ja, gehen Sie bitte geradeaus und biegen Sie an der zweiten Querstraße links ab und dann sind Sie schon in der Goethestraße.
– Danke schön.
– Bitte.

DIALOG 2
– Darf ich Sie mal fragen; wissen Sie, wo der Waidmannsplatz liegt?
– Ja, das ist ganz einfach. Biegen Sie hier links ab in die Lange Straße und dann sind Sie schon auf dem Waidmannsplatz.
– Vielen Dank.
– Nichts zu danken.

DIALOG 3
– Entschuldigung, wissen Sie, wie wir zum Bahnhof kommen?
– Ja, das ist ein bisschen kompliziert. Ich muss mal kurz überlegen. Ja, biegen Sie an der dritten Straße links ab, dann sind Sie in der Feldstraße.
– Die dritte Straße links?
– Ja, dann sind Sie an der Feldstraße. Sie kommen dann auf die Wasserkrügerstraße. Dort biegen Sie rechts ab und dann gehen Sie etwa 100 Meter weiter und da sehen Sie linker Hand die Brauerstraße, und wenn Sie die Brauerstraße entlanggegangen sind, sehen Sie schon den Bahnhof.
– Danke schön.
– Bitte.

DIALOG 4
– Entschuldigen Sie bitte, wissen Sie, ob es hier in der Nähe ein Postamt gibt?
– Ja, da gehen Sie bitte geradeaus, bis Sie zur Hauptstraße kommen.
– Und wie weit ist das denn ungefähr?
– Das sind etwa 500 Meter. Da liegt das Postamt rechter Hand.
– Vielen Dank.
– Bitte, nichts zu danken.

9 „Herzlichen Glückwunsch zum Geburtstag!"

Björn:	Hallo, Sandra. Hier ist Björn. Du hast heute Geburtstag, oder ....?
Sandra:	Ja.
Björn:	Herzlichen Glückwunsch!
Sandra:	Danke schön.
Björn:	Feierst du?
Sandra:	Ich habe schon gestern gefeiert.
Björn:	Ach so, dann hast du reingefeiert.
Sandra:	Genau. Ich habe mich gestern Abend mit Freunden getroffen und dann sind wir in eine Bar gegangen. Um Mitternacht

© Praxis

HÖR-MANAGER

Transkription der Hörtexte

	haben wir uns alle was zu trinken gekauft und haben angestoßen. Sie haben mir alle gratuliert und die Geschenke gegeben. Ja, und heute Abend feiere ich noch mit der Familie.
Björn:	Was hast du geschenkt bekommen?
Sandra:	Einen englischen Roman, eine DVD und eine ganz schöne Stehlampe. Aber die meisten Geschenke kriege ich heute noch.
Björn:	Von deiner Familie?
Sandra:	Ja.
Björn:	Klasse! Was machst du mit der Familie?
Sandra:	Ich denke, dass wir heute Abend noch essen gehen. Aber das ist eine Überraschung.
Björn:	Dann viel Spaß!
Sandra:	Danke. Mach's gut!
Björn:	Du auch. Tschüs.
Sandra:	Tschüs.

10 „Mathe ist mein Lieblingsfach."

NINA

Nina Kramer (15) geht in die 10. Klasse des Max-Planck-Gymnasiums in München. Sie hat sich für den so genannten „Europäischen Zweig" entschieden, lernt Englisch, Französisch und Italienisch. Mathe ist aber ihr absolutes Lieblingsfach. „Das ist toll! Das liegt daran, dass meine Eltern Ingenieure sind."

Ninas schlechtestes Fach ist Französisch. „Da habe ich eine Drei."

An ihren Hausaufgaben sitzt sie zwischen 30 und 60 Minuten. Manchmal helfen ihr die Eltern dabei. „Ich mag es aber lieber, wenn mein Bruder mir hilft. Der weiß besser, was ich für die Schule brauchen kann."

In ihrer Freizeit spielt Nina Klavier und Saxophon, singt und spielt Tennis. Außerdem ist sie in der Schul-Jazzband und im Chor. Sie sieht wenig fern: „Mittwochs sehe ich „OC California" am Wochenende einen Film. Das war's."

Normalerweise geht Nina um 22 Uhr ins Bett. Ihr Taschengeld gibt sie für Klamotten und Mädchen-Zeitschriften aus.

Von Drogen und Rauchen hält sie gar nichts. „Nur auf Partys trinke ich manchmal ein bisschen Alkohol." Später möchte Nina einmal Schriftstellerin werden.

TIM

Tim Kantelberg (15) aus Berlin geht in die neunte Klasse der Levi-Strauss-Realschule. Er wird das Schuljahr noch einmal wiederholen müssen. Er hat fünf Fünfen, vier Vieren auf dem Zeugnis. Biologie ist sein absolutes Hass-Fach. „Finde ich doof, kapiere ich nicht und interessiert mich auch nicht."

Warum ist er so schlecht in der Schule? „Ich habe keinen Bock aufs Lernen. Meistens höre ich nicht richtig zu, mache lieber den Klassenclown. Ich gebe zu, ich bin faul."

Tim hat 26 Unterrichtsstunden in der Woche. „Mindestens fünf davon fallen aus. Es sind viele Lehrer krank und keiner will uns vertreten."

Zwar nimmt sich Tim nach der Schule anderthalb Stunden Zeit für die Hausaufgaben. „Aber es bringt nichts", sagt er. Obwohl seine Eltern immer wieder bessere Leistungen von ihm fordern.

Abends guckt er zwei Stunden Fernsehen, chattet drei Stunden im Internet. Ins Bett geht Tim oft erst um 1 Uhr. „Auf Schlafen habe ich auch keinen Bock." Auf Partys trinkt er Alcopops. Drogen nimmt er nicht. Er weiß noch nicht, was er werden will. „Vielleicht Automechaniker."

11 Alltagssituationen (2)

DURCHSAGE 1

Sehr verehrte Kunden, wir schließen in wenigen Minuten unser Haus. Wir bedanken uns für Ihren Einkauf. Wir wünschen Ihnen und unseren Mitarbeitern einen angenehmen Abend. Bis zum nächsten Besuch.

DURCHSAGE 2

Meine Damen und Herren. Der Zug von München mit Weiterfahrt nach Berlin, Abfahrtszeit 16.17 Uhr hat bei der Ankunft voraussichtlich 15 – 20 Minuten Verspätung aufgrund einer Signalstörung. Wir bitten um Ihr Verständnis.

DURCHSAGE 3

Letzter Aufruf für die Passagiere des Fluges LH 2322 nach Mailand, bitte begeben Sie sich zum Ausgang am Flugsteig B 6.

DURCHSAGE 4

Eine private Durchsage: Herr Michael Klemm aus Bonn wird gebeten, sich beim Informationszentrum zwischen den Gleisen 12 und 13 zu melden. Sie werden dort erwartet.

DURCHSAGE 5

Vorsicht am Gleis 4. Bitte von der Bahnsteigkante zurücktreten. Einfahrt des Regionalzuges von Frankfurt an der Oder nach Stralsund mit fahrplanmäßiger Abfahrtszeit um 17.05 Uhr.

HÖR-MANAGER

Transkription der Hörtexte

12 Paul, Olga und Tim – drei Berliner Studenten

FRAGE 1: Wann sind Sie und Ihre Eltern geboren?

Paul
Ich bin Paul und bin am 4. Mai 1972 geboren. Mein Vater heißt Ulrich. Er ist am 25. Februar 1936 geboren. Meine Mutter ist am 2. August 1947 geboren.

Olga
Ich bin Olga und bin am 16. Juni 1981 geboren. Meine Mutter heißt Gisela. Sie ist am 20. September 1954 geboren. Mein Vater heißt Otto-Gerwin und ist am 11. Dezember 1953 geboren.

Tim
Hallo, ich bin Tim und bin am 1. März 1980 geboren. Mein Papa ist am 7. November 1953 geboren und meine Mama am 30. Januar 1952.

FRAGE 2: Was machen Sie in der Freizeit?

Paul
Ja, wenn das Wetter schön ist, gehe ich oft in den Park. Ja, was mache ich noch? Abends gehe ich oft ins Konzert. Das ist praktisch, weil es in Berlin so viele Konzerte gibt. Meistens gehe ich in Popkonzerte. Sonst trinke ich oft einen, in einer Kneipe oder in einer Bar. Eine Kneipe hier in Berlin will ich unbedingt empfehlen, das ist „Café Burger", liegt in Berlin-Mitte. Das Tolle ist, dass es mittwochs nichts kostet. Und die Musik ist teilweise auch ganz gut.

Olga
Ja, ich wohne noch nicht so lange in Berlin, aber ich besuche natürlich oft meine Freunde, die alle in der Nähe wohnen. Ich kenne recht viele Künstler und mit denen gibt's oft gute Partys.

Tim
Ich wohne auch noch nicht so lange in Berlin. Am Wochenende bin ich sehr oft noch in meiner alten Heimatstadt. Das ist Braunschweig. Da kann man eigentlich nicht so viel machen. Es gibt aber eine Großraumdisko, die „Jolly Joker" heißt.

FRAGE 3: Was glauben Sie, machen Sie in zehn Jahren?

Paul, was machen Sie in zehn Jahren?
Ich hoffe, dass ich einen gut bezahlen Job habe. Ich möchte heiraten, ein paar Kinder haben und gerne auf dem Land wohnen – in einem schönen Häuschen.

Und Olga?
In zehn Jahren bin ich hoffentlich mit dem Studium fertig. Ich arbeite entweder in einem Verlag oder in einer Botschaft. Falls das nicht klappt, brauche ich einen Freund, der ganz viel verdient, damit ich nichts machen muss. Dann bin ich Hausfrau.

Wie sieht es bei Ihnen aus, Tim?
In zehn Jahren möchte ich ein oder zwei Kinder, einen Jungen und ein Mädchen, haben. Der Junge soll älter sein, dann kann er auf die Schwester aufpassen. Heiraten möchte ich aber nicht. Da sehe ich keinen Sinn drin. Es gibt keine Vorteile, verheiratet zu sein. Ich möchte dann vielleicht wieder nach Irland ziehen, wo ich ja schon ein Jahr gewohnt habe. Ich finde da die Mentalität der Menschen halt superklasse und die können total feiern. Es gefällt mir da besser als in Deutschland, wo es so lange dauert, bis Menschen miteinander reden.

13 „Was macht ihr am Samstag?"

Hanna
Am Samstag muss ich irgendwann vor 12 Uhr aufstehen, weil um halb eins meine Schwester zu Besuch kommt. Das heißt, ich muss für einen Samstag relativ früh aufstehen. Dann werde ich meine Schwester am Bahnhof abholen und wir werden ihr Gepäck nach Hause bringen. Ganz sicher werden wir dann Kaffee trinken gehen, vielleicht ein bisschen shoppen gehen. Am Abend kochen wir wahrscheinlich zusammen Spargel und dann werden wir weggehen.

Paul
Ich muss am Samstag leider arbeiten. Ich arbeite in einem kleinen Hotel, an der Rezeption. Wir haben auch Gäste aus Dänemark, Norwegen, Finnland und Schweden. Die Arbeit gefällt mir nicht. Naja, es geht. Im Sommer ist es blöd, 8 Stunden im Haus zu sitzen, wenn draußen die Sonne scheint. Und es gibt recht viele Leute, die mir nicht gefallen. Aber vor allem mehr Leute, die dort arbeiten, als die Gäste.

14 Deutschland, Österreich und die Schweiz stellen sich kurz vor

DEUTSCHLAND
Die Bundesrepublik Deutschland ist ein Bundesstaat in Mitteleuropa und hat gemeinsame Grenzen mit 9 Ländern, nämlich mit Dänemark, Polen, Tschechien, Österreich, der Schweiz, Frankreich, Luxemburg, Belgien und den Niederlanden. Im Norden bilden die Nordsee und die Ostsee die natürlichen Grenzen.
Deutschland besteht aus 16 Bundesländern, z.B. Schleswig-Holstein, Rheinland-Pfalz, Mecklenburg-Vorpommern, Bayern und Niedersachsen. Deutschland ist mit ca. 82 Millionen Einwohnern der bevölkerungsreichste Staat Europas. Die Bundesrepublik Deutschland ist unter anderem Mitglied der Vereinten Nationen, der Europäischen Union, der NATO und der G 8. Der höchste Berg Deutschlands ist die Zugspitze

HÖR-MANAGER

Transkription der Hörtexte

(2962 m). Der Feldberg im Schwarzwald ist 1453 m hoch, der Große Arber im Bayerischen Wald 1420 m hoch. Bekannte Flüsse sind der Rhein, die Donau, die Elbe, die Weser und die Oder. Der längste dieser Flüsse ist die Donau.

Die fünf größten Städte sind Berlin (ca. 3.400.000 Einwohner), Hamburg (ca. 1.700.000 Einwohner), München (ca. 1.300.000 Einwohner), Köln (ca. 970.000 Einwohner), Frankfurt am Main (ca. 660.000 Einwohner).

Wichtige politische Parteien sind die Christlich Demokratische Union (CDU) und ihre Schwesterpartei, die Christlich Soziale Union (CSU), die nur in Bayern wirkt. Die älteste deutsche Partei ist die Sozialdemokratische Partei Deutschlands (SPD). Außerdem sind die Freie Demokratische Partei (FDP) und die Grünen zu erwähnen.

ÖSTERREICH

Österreich ist ungefähr 84.000 km² groß. Im Norden grenzt Österreich an Deutschland und an die Tschechische Republik, im Osten an die Slowakei und an Ungarn, im Süden an Slowenien und Italien, im Westen an die Schweiz und an das Fürstentum Liechtenstein.

Österreich hat gut 8 Millionen Einwohner. Mehr als 90 % der Bevölkerung sind deutschsprachig.

Wien ist die Hauptstadt. Andere bekannte Städte sind Innsbruck, wo 1964 und 1976 die Olympischen Winterspiele stattfanden, und Salzburg, wo Millionen Touristen jährlich das Geburts- und das Wohnhaus von Wolfgang Amadeus Mozart und die Festspiele besuchen.

Ein ganz wichtiger Faktor der österreichischen Wirtschaft ist der Fremdenverkehr. Mit 14 % der Bevölkerung sind in diesem Bereich mehr Menschen beschäftigt als in jedem anderen Land.

Mitglied der EU ist Österreich seit dem 1. Januar 1995.

DIE SCHWEIZ

Die Schweiz grenzt im Norden an Deutschland, im Osten an Liechtenstein und Österreich, im Süden an Italien. Der westliche Nachbar ist Frankreich. Der Legende nach wurde die Schweiz am 1. August 1291 gegründet. Der 1. August ist deshalb der Nationalfeiertag. Das Land besteht aus 26 Kantonen. Die Bevölkerung beträgt ca. 7,5 Millionen, davon sind 21 % Ausländer. Die Schweiz ist Mitglied der UNO, der EFTA, nicht aber der Europäischen Union.

In der Schweiz stehen 48 Viertausender. Der höchste Berg ist die Dufourspitze mit 4634 m. Der im Ausland bekannteste Berg in den Schweizer Alpen ist das Matterhorn (4478 m).

Offizielle Landessprachen sind Deutsch, Französisch, Italienisch und Rätoromanisch. Mit 63,7 % ist Deutsch die meistverbreitete Sprache. Französisch wird von ca. 21 % der Bevölkerung gesprochen. Im Kanton Tessin wird Italienisch (6,5 %) gesprochen. Die vierte Landessprache, Rätoromanisch, hat einen Anteil von 0,5 % und wird in Graubünden gesprochen.

Die größte Stadt ist Zürich. Andere Großstädte mit über 100.000 Einwohnern sind Genf, Basel, die Bundeshauptstadt Bern sowie Lausanne.

15 Berliner City-Tour

Herzlich willkommen an Bord dieser Stadtrundfahrt. Ich darf Ihnen zunächst unser kleines Team vorstellen. Das ist unser charmanter Busfahrer Peter, einer der absoluten Könige des Berliner Straßenverkehrs. Mein Name ist Tina. Heute ist ja der 1. Mai und wir müssen mit einigen Demonstrationen rechnen. Außerdem ist es auch noch der Tag des Lachens. Heute darf also gelacht werden.

Wir sind jetzt auf dem berühmten Kurfürstendamm, der wohl die schönsten Zeiten während der 20er Jahre hatte. Hier stand nämlich ein Theater neben dem anderen. Die Straße, von den Berlinern kurz Ku'Damm genannt, ist 3,5 km lang und ist die größte Einkaufsstraße von Westberlin.

An der nächsten Straße links sehen Sie eines der meistbesuchten Museen. Unter knapp 200 Museen will das auch noch was bedeuten. Es ist nämlich das Erotik-Museum.

Rechts die Kaiser-Wilhelm-Gedächtnis-Kirche. Sie wurde Ende des 19. Jahrhunderts erbaut und zwei Jahre vor dem Kriegsende, also 1943, zerbombt. Erhalten geblieben ist nur noch die Ruine in der Mitte als Mahnmal an den 2. Weltkrieg.

◆◆◆◆◆

Links der älteste deutsche Zoo, 1844 eröffnet. Er ist nicht nur einer der größten Zoos Europas, sondern auch einer der artenreichsten der Welt. Es leben hier ca. 15.000 Tiere und 1500 Arten. Im Osten der Stadt gibt es auch einen Zoo. Der ist flächenmäßig fünfmal größer.

Extra für unsere Gäste aus Norwegen, Schweden, Dänemark, Island und Finnland: Hier rechts Ihre Botschaft. Die nordischen Länder haben nämlich eine gemeinsame Botschaft. Damit wollen sie uns ein Zeichen gegen Konkurrenzdenken und Eifersucht setzen – eigentlich eine schöne Idee.

So, und jetzt nähern wir uns dem Postdamer Platz. Mit dem Bau der Berliner Mauer 1961 wurde der Platz zum öden Niemandsland. Nach der Wiedervereinigung wurde der Postdamer Platz die größte Baustelle Europas. Weltfirmen wie Daimler-Benz und Sony sind hier. Es gibt auch sehr viele Bürogebäude, Wohnungen und kulturelle Einrichtungen.

© Praxis

Vor der nächsten Ampel schauen Sie sich den Boden an. Da gibt es Markierungen, die Ihnen zeigen, wo die Stadt durch die Mauer geteilt war. Es gibt immer noch Reste von der Mauer. Der bekannteste Abschnitt liegt in der Nähe vom Ostbahnhof. Das ist die größte Open-Air-Galerie der Welt. 118 Künstler aus 21 Ländern haben diesen 1300 Meter langen Abschnitt mit verschiedenen Motiven bemalt.

An der nächsten Ecke sehen Sie den Checkpoint Charlie. Er war der bekannteste Grenzübergang in Berlin, der nur für Diplomaten und Ausländer offen war. Hier sehen Sie auch das bekannte Museum „Haus am Checkpoint Charlie". Da bekommen Sie Informationen über geglückte und natürlich auch über missglückte Fluchtversuche und Fluchtobjekte, z.B. Heißluftballons, Fluchtautos und sogar ein Mini-U-Boot.

◆◆◆◆◆

Wir werden damit in den ehemaligen Sowjetsektor, d.h. in das ehemalige Ostberlin, einfahren. Wir sind schon auf der eleganten Friedrichstraße gelandet. Die war in den 20er-Jahren nicht ganz so elegant. Da gab es nämlich mehr als 100 Kneipen und Bordelle.

Hinter dem Rathaus liegt das Nikolaiviertel. Ungefähr hier soll die Wiege Berlins gestanden haben. Das war im 12. Jahrhundert. Das Nikolaiviertel ist nach Berlins ältester Kirche benannt, nämlich der Nikolaikirche aus dem 13. Jahrhundert.

Direkt am Alexanderplatz, oder Alex, wie die Berliner sagen, sehen Sie den Fernsehturm, der 386 m hoch ist. Der Fernsehturm wurde Ende der 60er-Jahre erbaut. In ca. 200 m Höhe befindet sich die Aussichtsplattform, darüber das drehbare Aussichtscafé.

Wenn Sie jetzt nach links schauen wollen, sehen Sie die schöne Museumsinsel. Hier sind einige sehr berühmte Museen. Das meistbesuchte ist wohl das Pergamonmuseum. Die Hauptattraktion da ist der Pergamonaltar, eines der sieben Weltwunder der Antike. Der Altar wurde im 2. Jahrhundert v. Chr. erbaut. Ein deutscher Ingenieur entdeckte ihn an der türkischen Westküste und ließ ihn Ende des 19. Jahrhunderts nach Berlin verschiffen.

Vor uns steht jetzt das Brandenburger Tor, das Gott sei Dank wieder frei ist. Ende des 18. Jahrhunderts wurde es als Friedenstor gebaut. Heute ist es natürlich das Symbol für die deutsche Wiedervereinigung, die am 3. Oktober 1990 endlich wahr wurde. Und damit Sie da gleich mal durchspazieren können, machen wir jetzt eine 10-minütige Pause.

◆◆◆◆◆

Rechter Hand sehen Sie den Deutschen Bundestag. Wenn Sie sich mal die Kuppel von innen anschauen wollen, ist sie bis Mitternacht geöffnet. Letzter Einlass um 22 Uhr. Der Deutsche Bundestag ist seit 1999 in Berlin.

Die große grüne Lunge Berlins liegt jetzt neben uns. Das ist der große Tiergarten. Der ist schon allein 220 Hektar groß. Sie riechen schon. Das machen wir auch gerne, wir grillen. Heute, wenn das Wetter so schön ist, werden hier an die 20.000 Grillstationen stehen und Sie können dann auch die kunterbunte multikulturelle Gemeinde Berlins ein bisschen besser kennen lernen. Menschen aus 180 verschiedenen Ländern leben hier sehr friedlich zusammen. Die größte ethnische Gruppe sind nach wie vor die Türken.

Meine Damen und Herren, heute ist es leider zu, aber morgen können Sie wieder ins KaDeWe (Kaufhaus des Westens) reinstürmen. Mit einer Verkaufsfläche von 68.000 m² und 380.000 Artikelgruppen ist das KaDeWe die Nummer 2 nach dem Harrods in London. Sie finden hier die teuerste Stereoanlage der Stadt für 158.000 €. Im 6. Stock ist auch noch die größte kontinentale Delikatessenabteilung Europas mit Spezialitäten aus aller Herren Länder. Es gibt z.B. 1800 verschiedene Wurstsorten und 1400 Käsesorten.

Ich glaube, Sie sehen schon auf dieser Rundfahrt, dass Berlin eine ziemlich große Stadt ist. Wir haben insgesamt 880 km² Gesamtfläche, 3,4 Millionen Einwohner und 300.000 Hunde. Damit ist Berlin die hundereichste Stadt Europas.

Wir nähern uns dem Ende der Tour und wir hoffen, Sie haben es genossen. Wir wünschen Ihnen einen schönen Tag noch.

16 Salzburg – die Stadt der Festspiele

Nach dem 2. Weltkrieg hatte Salzburg ca. 70.000 Einwohner. Heute wohnen hier ca. 150.000 Menschen. Die Einwohnerzahl hat sich also seit 1945 mehr als verdoppelt. Ein Grund ist die gute Arbeitslage. Wichtig ist der Tourismus. Salzburg lebt zu 70 Prozent von den Touristen. Fast 4 Millionen Touristen kommen jährlich in unsere Stadt.

Es gibt recht wenig Industrie in Salzburg. Industriebetriebe haben bei uns im Durchschnitt 60 Mitarbeiter. Österreich ist ja kein typisches Industrieland; die Industriegebiete liegen im Süden des Landes, in der Steiermark, Graz und in Tirol, Wien natürlich nicht zu vergessen! Aber wie gesagt nicht so viel in Salzburg.

Wichtig ist aber z.B. Redbull. Redbull ist weltweit Marktführer für Energydrinks, und zwar beherrscht Redbull rund 96% des Weltmarktes an Energydrinks.

Salzburg ist sehr katholisch. Wir haben 46 Kirchen, davon ist eine evangelisch, im Zentrum von Salzburg; in den letzten Jahren wurden zwei weitere evangelische

Kirchen am Stadtrand gebaut und alle anderen sind katholisch.

Was die Sehenswürdigkeiten betrifft, ist natürlich Mozarts Geburtshaus eine der wichtigsten. Hier wurde Mozart am 27. Jänner 1756 geboren. Das Geburtshaus ist fast eine Pilgerstätte für Mozartliebhaber – zwischen 4000 und 5000 werden an Spitzentagen durch das Museum geschleust.

Das Wahrzeichen der Stadt ist die Festung Hohensalzburg, der größte und am besten erhaltene Festungsbau des Mittelalters. Die Festung wurde zwischen 1077 und 1680 erbaut. Man hat also 600 Jahre lang an der Festung bis zur Fertigstellung gebaut.

Für die Jugend gibt es in Salzburg und Umgebung sehr viel zu tun. Entlang der Salzachkais gibt es ungefähr 40 Diskos, Pubs etc. Außerdem haben wir drei Freibäder, eine Menge Golfplätze, Tennisplätze usw.

An allen Seen, die in der Nähe von Salzburg liegen, gibt es die Möglichkeit, jeden Wassersport zu betreiben. Im Winter ist es auch kein Problem. Nach einer halben Stunde auf der Autobahn ist man in den Skigebieten, wo man Ski fahren und snowboarden kann.

17 „Bärn, i ha di gern (Bern, ich hab' dich gern)"

Die Schweizer Hauptstadt Bern ist mit ihren 127.000 Einwohnern eine der größten und schönsten Städte der Schweiz. Seit 1983 gehört Bern zum UNESCO-Weltkulturerbe. Denn die Stadt besitzt eine der besterhaltenen mittelalterlichen Altstädte Europas.

In Bern gibt es viel zu sehen. Die Altstadt mit ihren romantischen Laubengängen ist ein beliebter Treffpunkt für Jung und Alt. Viele kleine Geschäfte laden zum Einkaufen ein. Manche Läden sind im Kellergeschoss untergebracht, so dass man mehrere Treppenstufen in die Dunkelheit hinuntersteigen muss, bevor man das Geschäft betreten kann.

Mitten durch die Stadt fließt die Aare, ein glasklarer Fluss. Im Sommer sind an den Flussufern und im Wasser viele junge und ältere Menschen anzutreffen. Sie erfrischen sich im kühlen Wasser und und genießen die gemütliche Atmosphäre.

In Bern gibt es auch heute noch Bären. Sie leben mitten in der Stadt im Bärengraben. Der Ort ist eine Touristenattraktion. Die Bären sind das Wahrzeichen der Stadt. Denn der Bär soll das erste Tier gewesen sein, das der Gründer der Stadt erlegte. Dieser Bär soll auch für den Namen Bern verantwortlich sein. Auch im Berner Wappen ist ein Bär zu finden. Tierschützer setzen sich seit langem dafür sein, den Bärengraben zu schließen.

In der Nähe der Altstadt steht das Bundeshaus, der Sitz der Schweizer Regierung. Das Gebäude wurde 1902 erbaut und hat durch seine Größe eine enorme Ausstrahlung. In der Kuppelhalle sind zahlreiche symbolische Darstellungen aus der Schweizer Geschichte zu finden. Bei Regierungssitzungen kann man von der Tribüne aus den Streitgesprächen der Schweizer Politiker zuhören.

◆◆◆◆◆

Die Berner sind stolz auf ihre vielen Museen. So gibt es zum Beispiel das Museum für Kommunikation. Es beschäftigt sich mit der Geschichte der Informationsvermittlung – von der Körpersprache bis zur E-Mail. Mitten in der Stadt liegt das Einsteinhaus. Dort kann man die ehemalige Wohnung des Physikers Albert Einstein besuchen. Besonders interessant ist auch das neue Paul-Klee-Zentrum, in dem über 4000 Bilder vom Schweizer Maler Paul Klee zu finden sind.

Nicht weit entfernt von der Stadt liegt der Berner Hausberg Gurten. Er ist 864 Meter hoch und vor allem im Sommer ein beliebtes Ausflugsziel. Dort werden sehr viele Freiluftveranstaltungen abgehalten. Schon seit zwanzig Jahren findet dort jeweils im Juli das viertätige Gurtenfestival statt. Es ist ein beliebtes Open-Air-Festival, bei dem viele bekannte Schweizer und auch Stars aus der ganzen Welt auftreten. Den Berg kann man nur mit der Gurtenbahn erreichen. Für Autos besteht Fahrverbot.

Auch in der Nacht ist in Bern eine Menge los. In der Altstadt gibt es viele kleine Clubs und Bars, in denen die Jugend bis in die späten Morgenstunden feiert. Berner Jugendliche amüsieren sich vor allem in der Pery-Bar und in der Trend-Bar Bitter Sweet. Dort sind auf Flachbildschirmen aktuelle Video-Clips zu sehen. Ein beliebter Treffpunkt ist das „Bierhübeli", in dem drei verschiedene Lokale zu finden sind: eine Underground-Disko, eine Lounge und ein großer Konzertsaal. Hier treten regelmäßig Stars aus der Schweiz und Deutschland auf.

Bern hat für Jung und Alt etwas zu bieten. Für einen Aufenthalt in Bern sollte man viel Zeit mitnehmen. Denn die Berner sind bekannt für ihre Gemütlichkeit.

© Stephan Sigg

18 Ein Jahr in Stockholm

Interviewer: Anna, du hast ein Jahr in Stockholm gelebt. Was hast du da gemacht?
Anna: Ich habe als Au-Pair-Mädchen gearbeitet.
Interviewer: Wo in Stockholm?
Anna: In Vasastan, direkt in der Stadt, und zwar in einer Familie. Die hatten drei Mädchen, die 3, 7 und 9 Jahre alt waren.

Interviewer:	Hast du dich mit der Familie gut verstanden?
Anna:	Ja, die Familie war sehr nett. Sie haben sich Gedanken darüber gemacht, was es bedeutet, ein Au-Pair-Mädchen zu haben. Ich habe mich in der Familie sehr wohl gefühlt. Ich hatte zum Beispiel nie das Gefühl, dass ich störe oder so. Es war aber recht anstrengend, weil die Wohnung so klein war. Ich hatte eigentlich keine Möglichkeit, mich zurückzuziehen. Und das hat dazu geführt, dass ich fast jeden Abend weggegangen bin.
Interviewer:	Hast du auch Schwedisch gelernt?
Anna:	Ja, ich habe am Anfang einen Sprachkurs besucht. Der war aber zu leicht, weil ich von den Kindern so viel gelernt habe.
Interviewer:	Hast du die ganze Zeit Deutsch gesprochen?
Anna:	Ich habe mit den Kindern Deutsch gesprochen, weil sie auf die Deutsche Schule gegangen sind. Mit der Kleinsten habe ich aber nur Schwedisch gesprochen.
Interviewer:	War der Vater oder die Mutter aus Deutschland?
Anna:	Nein, sie waren beide schwedisch. Sie wollten aber gerne, dass die Kinder auf die Deutsche Schule gingen.

19 Kurze Nachrichten und Mitteilungen

Text 1

Liebe Anna,
danke für die Info. Bevor du am 26.7. wieder nach Hause fährst, müssen wir uns unbedingt treffen. Vielleicht am Sonntag Abend bei Martin und ich koche was. Ich bin eine gute Köchin!
Lieben Gruß
Birgit

Text 2

Das bricht jedem Tierfreund das Herz: Der Schäferhund taugte nicht mehr als Haustier, war zu alt, zu krank. Da warf ihn der Besitzer in den Fluss. Einfach so. Als hätte das Tier kein Recht auf Leben.

Text 3

Ein 25-jähriger Autofahrer hat am Montag Abend so gegen 20 Uhr auf der Stadtautobahn einen Motorradfahrer gerammt und Fahrerflucht begangen. Der 46-jährige Motorradfahrer wurde schwer verletzt.

Text 4

Ein Lottospieler aus Cottbus hat über 83.000 Euro gewonnen – und weiß vermutlich nichts davon. Bei der Ziehung am 9. April hatte er fünf Richtige plus Zusatzzahl angekreuzt.

Text 5

Sie: Ja, aber ich kann ja nichts dafür. Was soll ich machen?
Er: Aber du kannst wenigstens deine Mutter bitten, nicht zweimal am Tag anzurufen. Du weißt ja, das nervt mich.
Sie: Ich habe ja tausendmal mit ihr gesprochen ...

Text 6

Die Mittelmeerinsel Zypern wird von einer Hitzewelle heimgesucht. Die Meteorologen rechnen mit Temperaturen über 40 Grad im Schatten.

Text 7

In der Türkei ist eine Schlafwandlerin, die sich im Traum für einen Engel hielt, vom Balkon im vierten Stock gestürzt. Sie verletzte sich dabei schwer.

Text 8

Zu einer Krankenhaus-Einlieferung musste die Hamburger Feuerwehr mit dem Kran ausrücken: eine 250 kg schwere Frau hatte über Atemnot geklagt und musste in die Klinik. Die Feuerwehr hob sie aus dem Fenster.

Text 9

Hallo Peter,
ich hoffe, du hast eine schöne Zeit in Leipzig. Bin gerade aus meiner alten Heimat Hamburg zurückgekommen. War zwar nur eine Woche, dafür aber sehr intensiv und erlebnisreich! Ich hab' da mit Frau und Kind alte Freunde und Bekannte besucht, bei denen wir dann abwechselnd wohnen konnten: eine kleine „Tournee" sozusagen. Auf der Rückreise waren wir noch einen Tag in Kiel und haben dann die Fähre nach Göteborg genommen.
Gruß
Stefan

Text 10

US-Angestellte verbringen laut einer Umfrage täglich mehr als zwei Stunden ihrer Arbeitszeit mit privaten Dingen.

20 Allaa und Sevkan, Schülerinnen an der Robert-Koch-Oberschule, erzählen

Allaa

Ich bin seit 1996 hier in Deutschland. Ich bin mit meinen Eltern hergekommen. Wir sind aus dem Irak, Kurden aus dem Irak. Mein Vater wurde politisch verfolgt. Deshalb sind wir hierher gekommen.
In Deutschland fühle ich mich besser als dort. Also, ich

möchte auch mal gern zurückfahren, aber ich glaube, ich bleibe lieber in Deutschland. Vielleicht werde ich nur im Urlaub in den Irak fahren, weil ich ja in Deutschland aufgewachsen bin. Ich bin hier zur Schule gegangen, ich habe meine Freunde hier ... Ich bin mit sieben Jahren hierher gekommen und ich kann mir nicht vorstellen, im Irak zu leben.

Als ich nach Deutschland gekommen bin, konnte ich kein Deutsch – logisch – und ich konnte mir auch nie vorstellen, dass ich einmal aufs Gymnasium gehen würde. Jetzt mache ich das, und ich mag es sehr. Die Lehrer sind super und man lernt viel. Das einzige, was nicht gut ist, ist, dass es hier am Gymnasium fast nur Mädchen gibt. Mein Vater geht auch zur Schule; er lernt Deutsch. Ich habe zwei Brüder und eine ältere Schwester. Ich bin sogar Tante geworden!

Montag bis Freitag bin ich also in der Schule, ich lerne viel und oft haben wir auch viele Hausaufgaben. Samstags arbeite ich oft, bei Vodafone, das gefällt mir sehr. Sonntags will ich Zeit für mich haben: Ich mache mir die Haare, meine Nägel, ich besuche Freunde ... Was ich auch gerne mache, ist, in einem Café Wasserpfeife zu rauchen.

Jetzt hoffe ich, dass ich das Abitur schaffe. Danach will ich entweder Journalismus oder Medizin studieren. Ich will den Führerschein machen, ein schönes Auto kaufen und ich möchte gerne eine eigene Apotheke eröffnen.

SEVKAN

Ich bin in Deutschland geboren. Meine Eltern sind, als sie jung waren, mit 16 – 17 Jahren hierher gekommen, um in Deutschland zu arbeiten. Meine Familie kam aus der Türkei und ist nicht besonders groß. Wir sind eine kleine Familie, also nicht typisch türkisch.

Das Gymnasium gefällt mir. Das Beste sind die Lehrer, aber schlecht ist, dass wir immer früh beginnen, schon um 8 Uhr. Das heißt, ich muss um 6 Uhr aufstehen. Ich dusche, höre Musik, lese die Zeitung und vielleicht, wenn ich Hunger habe, esse ich Frühstück. Ich wohne in Neukölln, im Süden Berlins. Es dauert zehn Minuten bis zur Schule. Um 8 Uhr bin ich dann also da. Und jeden Tag haben wir sechs oder sieben Stunden. Meine Lieblingsfächer sind Englisch und Chemie. Eigentlich auch Französisch, aber ich bin schlecht. Die meisten Lehrer sind wie gesagt sehr gut, engagiert und nett. Es gibt natürlich auch Lehrer, die schlecht sind. Einige kommen überhaupt nicht zu den Stunden.

In dieser Schule sind 85% Ausländer. Ich bin selbst Türkin, aber ich würde nie in einem großen Raum Türkisch sprechen. Wir sind ja hier in Deutschland und wir müssen natürlich Deutsch sprechen. Ich finde es unpassend, wenn man das nicht macht. In meiner Klasse ist es leider so, dass einige viel Türkisch reden.

Für meine Eltern ist es sehr wichtig, dass ich eine gute Ausbildung bekomme. Ich wollte mal einen Nebenjob haben, mein Vater hat aber gemeint: Konzentriere dich lieber auf die Schule!

Wichtig in meinem Leben sind meine Freunde und meine Familie. Mein älterer Bruder ist besonders wichtig für mich. Er würde mir immer helfen. Ich habe drei Brüder. Der älteste ist 20 Jahre alt. Er fängt im Januar mit einer neuen Ausbildung an, als Krankenpfleger. Die Ausbildung dauert drei Jahre. Meine kleineren Brüder gehen zur Schule.

Wenn ich zurück in die Türkei fahre, denken alle da, dass man im Geld schwimmt. Die merken sofort, dass man nicht aus der Türkei kommt. Alle schauen mich an und fragen sofort, woher ich komme. Vielleicht liegt es an den Klamotten. Ich weiß nicht. Man wird fast wie ein „Alien" behandelt.

Ich besuche jetzt die elfte Klasse. Nach dem Abitur will ich eine Reise nach Brasilien machen. Danach möchte ich Psychologie studieren. Später möchte ich z.B. in Afrika für „Ärzte ohne Grenzen" arbeiten. Ich will zwei Kinder haben und ich hoffe, dass ich eine Arbeit bekomme, die mir gefällt. Ich will unbedingt in Berlin wohnen.

21 Nachrichten (1)

NACHRICHT 1

Nach vier Tagen in einem steckengebliebenen Aufzug ist ein 35-jähriger Mann am Dienstag in New York befreit worden. Wie die „New York Times" berichtete, klagte der gebürtige Chinese über starken Durst. Er wurde in ein Krankenhaus gebracht. Der Einwanderer, der kaum Englisch spricht, hatte am Freitagabend in einem Hochhaus im Stadtteil Bronx Essen ausgeliefert, war dann aber nicht in sein Restaurant zurückgekehrt. Kollegen hatten befürchtet, dass der Essensbote überfallen worden sein könnte. Eine Suchaktion der Polizei blieb erfolglos. Erst am Dienstagmorgen wurde die Feuerwehr durch den Aufzugalarm auf den Mann aufmerksam. Der Fahrstuhl war zwischen der dritten und vierten Etage des 38-stöckigen Hochhauses stehen geblieben. Er habe um Hilfe geschrien und den Alarmknopf gedrückt, aber niemand habe ihn gehört, sagte er nach seiner Rettung. Die meiste Zeit habe er geschlafen.

NACHRICHT 2

Bei einem Brand in einem Wohnhaus in Hamburg sind am Samstagmorgen 17 Menschen verletzt worden. Ein dreijähriger Junge brach sich laut Polizeiangaben beide Beine, als er gemeinsam mit seinen Eltern und den drei Geschwistern durch den Sprung aus dem ersten Stock durch das Fenster flüchtete. Die übrigen verletzten Bewohner kamen mit kleineren Blessuren und Verdacht auf Rauchvergiftung ins Krankenhaus.

Nachricht 3

Der vor 12 Jahren nach Australien eigenwanderte Brite Simon Letch surfte am Wochenende rund 30 Meter vor dem Badestrand Bondi Beach bei Sydney, als er von einem drei Meter langen Hai angegriffen wurde. Wie die BBC berichtete, konnte er das Brett zwischen sich und das Tier manövrieren. Der Hai biss zwei Mal hinein. Es gelang ihm, das Brett wieder aus dem Haimaul zu ziehen und zum Strand zurückzupaddeln. Auf den Schreck holte sich Simon Letch eine Tasse Tee, holte dann ein neues Surfboard und setzte seine Freizeitaktivität an gleicher Stelle fort: „Ich konnte es einem einzelnen Hai nicht zugestehen, mir den schönen Surftag zu verderben", erklärte er. Ein Augenzeuge kommentierte: „Manche mögen sagen, das ist mutig. Ich sage, das ist verrückt."

22 „Ohne Fußball würde ich zusammenbrechen."

Interviewer: Wann hast du angefangen, Fußball zu spielen?
Robert: Als ich klein war, habe ich mir zusammen mit meinem Vater – er ist ein großer Fußballfan – viele Spiele angeschaut. Ja, da habe ich Lust bekommen, selber zu spielen. In einem Verein habe ich aber erst mit 12 angefangen, Fußball zu spielen.
Interviewer: War das schon immer dein Traum, Fußballer zu werden?
Robert: Ja, es ging immer um Fußball! In der Schule habe ich auch Volleyball gespielt, wenn ich es musste, aber am liebsten habe ich Fußball gespielt. Also, das war mein Sport.
Interviewer: Hat man schon früh gemerkt, dass du ein großes Talent bist?
Robert: Nee, ein großes Talent war ich nicht. Dazu fehlten schon ein paar Sachen. Ich habe eine gute Technik, aber ich bin nicht unbedingt schnell. Für einen richtig guten Fußballer bin ich eindeutig zu langsam. Aber ansonsten habe ich viele Sachen, die man als Fußballer braucht.
Interviewer: Wie oft trainierst du in der Woche?
Robert: Das ist unterschiedlich. Also, so zwei- oder dreimal die Woche. Normalerweise zweimal, aber ab und zu dreimal. Und dazu kommen natürlich auch am Wochenende die Spiele.
Interviewer: Welche Lieblingsposition hast du auf dem Platz?
Robert: Ich spiele am liebsten im Mittelfeld, aber mein Trainer sieht mich eher als Stürmer.
Interviewer: Wo siehst du allgemein deine Stärken als Fußballspieler?
Robert: Wie gesagt, meine Technik vor allem. Also, ich bin ein guter Techniker. Ich habe einen guten Schuss, ein gutes Dribbling – das war's eigentlich.
Interviewer: Und deine Schwächen?
Robert: Ja, Kopfball ist nicht so mein Ding. Und wie ich schon sagte, die Schnelligkeit. Ich bin zu langsam.
Interviewer: Welche persönlichen Ziele hast du? Möchtest du gerne Profi werden?
Robert: Früher wollte ich gerne Profi werden. Aber ich bin jetzt 21, der Zug ist eigentlich abgefahren. Es ist zu spät. Aber ich möchte auf jeden Fall auch später in meinem Leben mit Fußball zu tun haben.
Interviewer: Was bringt dir das Fußballspielen?
Robert: Es macht mir vor allem viel Spaß. Man lernt viele Leute kennen, nicht nur im eigenen Verein. Man sitzt zusammen nach den Spielen, man unterhält sich mit den Gegenspielern. Und Bewegung, das ist ja auch wichtig – da ist Fußball optimal.
Interviewer: Hast du einen Lieblingsverein?
Robert: Ja, FC Schalke 04. Das ist mein Verein. Mein Vater ist Schalke-Fan und daher habe ich auch angefangen, mich für diese Mannschaft zu interessieren. Die Tradition dieser Mannschaft fasziniert mich.
Interviewer: Was meinst du, wenn du „Tradition" sagst?
Robert: Schalke 04 hatte eine sehr erfolgreiche Zeit, und zwar seit dem 2. Weltkrieg. Sie haben den modernsten Fußball Deutschlands gespielt. Und alle diese berühmten Typen, die in Schalke 04 gespielt haben.
Interviewer: Was würdest du machen, wenn du auf einmal nicht mehr Fußball spielen könntest?
Robert: Für mich würde die Welt zusammenbrechen. Neben Leben, Tod und Krankheiten wäre das das Schlimmste, was ich mir vorstellen kann. Fußball zu spielen ist ganz einfach mein Leben. So lange ich kann, werde ich Fußball spielen.
Interviewer: Was war bisher dein schönstes Erlebnis?
Robert: Eines meiner schönsten Erlebnisse war mein eigener Pokalsieg, das war vor zwei Jahren. Pokal ist was Besonderes, das Schönste …
Interviewer: Und dein traurigstes Erlebnis?
Robert: Das war die Meisterschaft 2001, als

	Schalke für drei Minuten Meister war. Dann hat Bayern München in der Nachspielzeit noch ein Tor geschossen. Da habe ich bitterlich geweint.
Interviewer:	Welcher Fußballer ist dein persönliches Vorbild?
Robert:	Ja, es gibt viele. Ich finde, dass z.B. der Brasilianer Kaká klasse ist. Er ist schnell, er weiß ganz genau, was er machen muss, alles funktioniert ganz einfach ... der ist super.
Interviewer:	Hooligans – ist das ein großes Problem in Deutschland?
Robert:	Eigentlich nicht. Es gibt aber Vereine, wo es recht häufig vorkommt. Auf der anderen Seite gibt es viele Vereine, die sich auf diesem Gebiet sehr stark engagieren. Schalke 04 z.B. hat eine der ältesten Kampagnen gegen solche Sachen.
Interviewer:	Bist du auch gern Zuschauer – sitzt du auch gerne auf der Tribüne?
Robert:	Ja, das mache ich gern. Es macht mir oft Spaß, vor allem wegen der Atmosphäre.
Interviewer:	Was machst du neben dem Fußball?
Robert:	Ja, ein bisschen Computerspielen, ich lese viele Zeitungen, vor allem die Sportseiten. Ja, und dann treffe ich mich natürlich mit meinen Freunden.
Interviewer:	Robert, herzlichen Dank für das Gespräch.
Robert:	Gern geschehen.

23 Wovon wird gesprochen?

1
Seit gestern Vormittag wird die 24-jährige Monika Köhler aus Ebersberg vermisst. Frau Köhler war zuletzt Patientin im Klinikum Ebersberg und ist dringend auf ärztliche Hilfe angewiesen. Die Vermisste ist 1,78 m groß, schlank, hat dunkelblonde, mittellange Haare und führt eventuell einen hellblauen Rucksack mit sich. Bekleidet ist sie mit einer schwarzen Skijacke und Trekkingschuhen. Hinweise bitte an die Polizei in Ebersberg unter Telefon 08052-90 321 oder an jede andere Polizeidienststelle.

2A
Ich weiß, dass das ein bisschen verrückt klingt ... sorry. Aber ich bin das letzte Mal vor 20 Jahren geflogen und das war der blanke Horror! Wir mussten durch ein Gewitter und da wurden die Schotten dicht gemacht und die Personalausweise in eine Stahlkassette eingesammelt. Man hat gemeint: „Wenn wir abstürzen, wissen wir wenigstens, wer drin ist!"

Das war meine letzte Flugreise. Und nun habe ich für Ende März eine Flugreise für die Kinder und mich gebucht, nach Mallorca. Stephan und Kathi freuen sich schon mächtig darauf, aber mir wird jeden Tag immer schlechter – ich spiele schon mit dem Gedanken, die Reise zu stornieren. Aber das kann ich ja den Kindern nicht antun ... Wie kann ich meine Flugangst so weit in den Griff bekommen, dass die nichts davon merken? Hat da jemand einen Rat für mich?
Vielen Dank und liebe Grüße
Monika

2B
Hallo Monika,
ich würde dir empfehlen: Gehe in eine Apotheke, besorge dir etwas gegen Flugangst. Stornieren würde ich auf keinen Fall, da sich erstens die Kinder schon darauf freuen und es dich zweitens ein Vermögen kostet – schade um das gesparte Geld. Außerdem musst du daran denken, dass nicht jeder Flug so abläuft wie dein Flug vor 20 Jahren. Die Flugzeuge sind wesentlich besser gebaut und du musst ja nicht wieder durch ein Gewitter fliegen.
Ich wünsche euch dreien einen ruhigen Flug und einen wunderbaren Urlaub.
Liebe Grüße
Petra

24 Fabians Tagebuch

MONTAG, DEN 21. FEBRUAR
Heute Morgen bin ich wie an allen anderen Tagen auch um kurz vor halb sechs aufgestanden, um mich für die Schule fertig zu machen. Nachdem ich gefrühstückt habe, und zwar ein leckeres Brötchen mit Aufschnitt und einem frisch gepressten Orangensaft, bin ich von Marian, einem guten Freund von mir, mit dem Auto abgeholt worden. Das ist sehr praktisch, weil ich dann nämlich nicht mit dem Bus fahren muss und sogar länger schlafen kann. In der Schule angekommen, hatte ich heute nur 5 Stunden Schule. Danach wurde ich von meiner Mutter abgeholt und dann haben wir zusammen zu Mittag gegessen. Nachdem ich meine Hausaufgaben gemacht hatte, hatte ich um halb fünf dann Mathe-Nachhilfeunterricht und abends von acht bis zehn Uhr hatte ich wieder Volleyballtraining, wie jeden Montag.

DIENSTAG, DEN 22. FEBRUAR
Heute Morgen wurde ich wieder von Marian mit in die Schule genommen. Sieben Schulstunden musste ich heute ertragen und dann konnte ich erst nach Hause. Um 14 Uhr zu Hause angekommen, habe ich, wie

immer, zu Mittag gegessen und dann an meiner Facharbeit für Englisch geschrieben. Dies hat einzige Zeit in Anspruch genommen. Am Abend kam dann Claudia, meine Freundin, zu mir.

MITTWOCH, DEN 23. FEBRUAR

Heute hatte ich einen sehr stressigen Tag. Nach den ersten beiden Unterrichtsstunden hatte ich zwei Freistunden, in denen ich allerdings dann zwei Fahrstunden hatte. Nächste Woche Dienstag habe ich meine praktische Führerscheinprüfung, und deshalb waren wir mal wieder in der Stadt, um zu üben. Die Unterrichtsstunde lief sehr gut, aber trotzdem bin ich jetzt schon aufgeregt. Die Prüfer sind nämlich immer so pingelig und gemein. Nach diesen zwei Stunden hatte ich dann noch drei weitere Unterrichtsstunden und musste dann ganz schnell nach Hause, schnell etwas essen und dann wurde ich auch schon mit dem Auto von Marian, Markus und Felix abgeholt. Wir mussten zur Lützel hoch fahren, weil wir mit dem Sport-Leistungskurs Skilanglauf fahren wollten. Bei dem Traumwetter, das wir hatten, was das wirklich ein Traum! Zwei Stunden waren wir unterwegs und danach war ich völlig erschöpft. Zu Hause angekommen musste ich mich schnell fertig machen, weil ich nämlich zur Arbeit musste. Seit letzter Woche habe ich endlich einen Job. In dem Sportpark in unserer Stadt bediene ich die Leute, die nach dem Tennisspielen etwas zu trinken haben wollen. Das macht viel Spaß, auch wenn ich ständig Kopfrechnen muss, aber wie man so schön sagt: Übung macht den Meister. Um halb elf war ich dann zu Hause und konnte überhaupt nicht einschlafen, weil ich nämlich Tausende von Zahlen im Kopf hatte.

25 „Nur im Südosten zeigt sich die Sonne." – Ein Wetterbericht

Heute ziehen mehr oder weniger dichte Wolkenfelder und auch ein paar Schauer über den Norden und Nordwesten hinweg. In den übrigen Gebieten zeigt sich häufiger die Sonne, und meist bleibt es trocken. Am längsten scheint die Sonne in Sachsen und Südostbayern. An den Küsten steigen die Temperaturen auf 15 Grad, im Süden und Südwesten auf bis zu 23 Grad. Morgen gibt es einige Regengüsse und Gewitter. Nur in der Lausitz und im Südosten zeigt sich die Sonne länger. Die Temperaturen bewegen sich zwischen 15 Grad an der Nordsee und 25 Grad in Bayern.

26 „Schlafen Sie gut?"

Es ist 6 Uhr. Der Wecker klingelt. Das Problem ist aber, dass Sie sich müde und schlapp fühlen. Sie möchten unbedingt weiterschlafen. Ca. 25% der Deutschen – darunter mehr als zwei Drittel Frauen – können abends nicht einschlafen oder sie wachen nachts häufig auf.

Um etwas gegen Schlafstörungen tun zu können, muss man die Ursachen kennen. Zu viel Kaffee, zu viele Zigaretten, ein hartes Bett, zu viel Lärm, zu viel Licht können den Schlaf stören. Angst, Stress und Konflikte sind auch manchmal die Ursachen.

Was kann man tun? Hierzu einige Ratschläge:
- Gehen Sie abends spazieren.
- Die Luft im Schlafzimmer muss frisch sein.
- Das Zimmer muss dunkel sein.
- Ein Glas Wein, eine Flasche Bier oder ein Glas Milch mit Honig können helfen.
- Hören Sie leise Musik.
- Machen Sie Joga oder Meditationsübungen.

Schlafen Sie gut!

27 „Suchen Sie einen Partner?"

Sie suchen den Partner fürs Leben? Der direkte und schnellste Weg zum Glück ist unser Radio „Paradiso Loveline". Wenn Sie einen der folgenden fünf Singles kennen lernen möchten, rufen Sie uns einfach an: Telefon 0137-70 77 17.

Hallo, ich bin der Thomas. Ich liebe Musikkonzerte, lange Spaziergänge, Kunst, Kultur, Reisen oder einfach mal nur Kneipe oder Kino. Wenn du sportlich, schlank, belesen, humorvoll und sympathisch bist, dann ruf mich an. Ich bin 25 Jahre jung, 1,85 m groß, habe blaue Augen und blonde Haare.

Hallo, ich bin Johanna und möchte unbedingt einmal Fallschirm springen, am liebsten natürlich mit dir. Wenn du Nichtraucher, sportlich, ziemlich groß und nicht älter als 35 bist, dann melde dich bei mir. Wer weiß, was daraus werden könnte: einfach nur Freundschaft oder vielleicht sogar die große Liebe? Ich bin seit 28 Jahren auf Erden, 1,73 m groß, habe schwarze Haare und grüne Augen.

Hallo, ich bin die Helena und möchte mit dir in den Sonnenuntergang reiten, mit meinem Hund spazieren gehen, Walzer tanzen und ins Kino gehen. Wenn du ehrlich, warmherzig und humorvoll bist, dann ruf mich an. Ich bin 39, 1,70 m groß, habe blaugraue Augen und blondes Haar.

Hallo, ich bin Johannes und möchte dich in die Arme nehmen und nicht mehr allein aufstehen. Du hast Humor und wenn ich Klavier für dich spiele, ein offenes Ohr. Ich bin 29 Jahre jung, 1,90 m groß, schlank und habe braune Augen und braune Haare.

Hallo, ich bin Angelika und möchte mit dir im Sommer stundenlang in der Sonne liegen, lesen und im Wald

© Praxis

spazieren gehen. Ich trinke gerne einen Rotwein nach dem Kino. Sport nur im Notfall. Ich bin 41, 1,70 m groß, bin Wassermann, habe schwarze Haare und blaue Augen und freue mich sehr auf deinen Anruf.

28 Nachrichten (2)

HERMANN DÖRNEMANN

Der älteste Mensch Deutschlands, Hermann Dörnemann, ist in Düsseldorf im Alter von 111 Jahren verstorben. Das bestätigte sein Schwiegersohn Bernhard Klein. Dörnemann starb am Mittwoch in einem Krankenhaus an den Folgen einer Lungenentzündung. Am 27. Mai wäre er 112 Jahre alt geworden. Er empfand „Sport als Mord", verreiste nie und trank jeden Tag ein Bier. So hatte Dörnemann nach Angaben seiner Familie sein biblisches Alter erreicht. Seine Tochter Rita Klein führte das hohe Alter ihres Vaters unter anderem darauf zurück, dass er wegen der Vitamine stets das Kochwasser der Kartoffeln getrunken habe. Außerdem sei er ein ungewöhnlich ausgeglichener Mensch gewesen. „Ich habe ihn nie schimpfen hören. Er war immer zufrieden. Mein Vater ist mit 105 Jahren noch täglich einkaufen gegangen und hat mit mir und meinem Mann bei einem Bier Karten gespielt", sagte seine Tochter. In der letzten Zeit war er an den Rollstuhl gefesselt und erblindet. Er hatte vor allem bedauert, dass er seine Ur-Enkel Nick und Noël nicht mehr aufwachsen sehen konnte. Der Tod sei für ihn eine Erlösung, davon ist sein Schwiegersohn überzeugt.

STEVE FOSSETT

Der amerikanische Abenteurer Steve Fossett hat seinen Rekordflug um die Welt erfolgreich beendet. Als erster Pilot umrundete der 60-Jährige allein, ohne aufzutanken und ohne Zwischenstopp, die Erde. Eine Mutprobe rettete das Unternehmen. Der Milliardär landete unter dem Jubel und Beifall Tausender Zuschauer in Salina im US-Staat Kansas, wo er am Montag gestartet war. Für die rund 37.000 Kilometer lange Strecke benötigte der Hobby-Flieger mit seinem Spezialflugzeug „GlobalFlyer" 67 Stunden und eine Minute. Fossett hatte vor der Landung aus dem Cockpit gefunkt, dass er trotz seiner Kopfschmerzen und des Schlafmangels den Flug genossen habe. Das waghalsige Abenteuer Fossetts drohte knapp nach der Hälfte der Flugstrecke zu scheitern: Kurz vor Japan stellte Fossett fest, dass er ein Siebtel weniger Treibstoff im Tank hatte als angenommen.

29 Julia aus Wien

ABSCHNITT 1

Hallo, ich heiße Julia und komme aus Wien. Ich bin 17 Jahre alt und lebe mit meinen Eltern und Geschwistern Judith und Jakob in einem hübschen Haus mit großem Garten. Mein Vater arbeitet als Rechtsanwalt. Meine Mutter ist Lehrerin in der Primarschule. Momentan unterrichtet sie eine zweite Klasse, in der ich sie gerne besuche, da ich es mag, mit Kindern zu spielen.
Meine Schwester Judith ist 15. Sie geht genau wie ich und mein kleiner Bruder Jakob ins Gymnasium. Mit Judith verstehe ich mich gut, nur manchmal streiten wir heftig, wie das bei Geschwistern halt so ist. Mit Jakob streite ich weniger. Das liegt wahrscheinlich daran, dass er erst 12 ist und mir aufgrund seiner anderen Interessen nicht so sehr nacheifert wie Judith.
Ich bin gut in der Schule, denn es macht mir Spaß, Neues zu erfahren, und außerdem bin ich ziemlich ehrgeizig. Meine Lieblingsfächer sind alle Sprachen, die ich lerne. Ich mag es, mich in Englisch, Französisch oder auch Italienisch zu unterhalten, und ich träume davon, die eine oder andere dieser Sprachen einmal fließend zu sprechen.

ABSCHNITT 2

Was mir auch noch Spaß in der Schule macht, ist Deutsch. Ich schreibe gerne, auch zu Hause, und möchte nach der Matura im nächsten Jahr „Creative Writing" in London oder Manchester studieren.
Ich spiele gerne Volleyball und bin sogar in einem Team in Wien. Wir trainieren zweimal pro Woche und nehmen auch an Turnieren teil. Ich finde, dass ich von Training zu Training besser werde, was meine Motivation nur noch steigert.
Sonst verbringe ich meine Freizeit am liebsten mit meinen Freunden, mit denen ich verschiedene Dinge unternehme. Wir gehen gerne Kaffee trinken, schwimmen und wandern. Nachts gehen wir manchmal aus und tanzen in den Diskos oder führen endlos lange Diskussionen in einer der vielen Bars, die es in Wien gibt. Dies kommt jedoch nur an den Wochenenden oder in den Ferien vor, da ich mich unter der Woche die meiste Zeit auf die Schule konzentriere, damit ich mir meinen Zukunftstraum erfüllen kann.

30 Am Telefon

MITTEILUNG 1

Hier ist die Praxis von Dr. Müller. Sie rufen außerhalb der Sprechzeiten an. Zu erreichen sind wir Montag, Dienstag und Donnerstag von 8.30 – 12.00 Uhr und von 13.00 – 16.00 Uhr, Mittwoch und Freitag von 8.00 – 12.00 Uhr. In dringenden Fällen können Sie Herrn Dr. Müller privat erreichen unter der Telefonnummer 29 11 65, ich wiederhole 29 11 65, oder wenden Sie sich an eines der Kinderkrankenhäuser. Auf Wiederhören.

HÖR-MANAGER

Transkription der Hörtexte

MITTEILUNG 2

Automatischer Anrufbeantworter von Dr. Jensen, Telefon 29 28 28. Unsere Praxis ist bis zum 14. Januar geschlossen. Notfallvertretung während dieser Zeit übernimmt die Praxis von Dr. Möller, Kaiserstraße 12, Telefon: 23 36 36. Dieser Vertretungsdienst ist nur für Notfälle. Wir wünschen unseren Patienten Frohe Weihnachten und viel Glück im Neuen Jahr. Wir bedanken uns für Ihren Anruf. Ende der Mitteilung.

MITTEILUNG 3

Sie sind verbunden mit dem Anrufbeantworter des Informationsbüros in Aachen. Zur Zeit können wir Ihren Anruf leider nicht persönlich entgegennehmen. Unsere Öffnungszeiten sind montags bis freitags von 9.00 bis 18.00 Uhr und samstags von 9.00 bis 16.00 Uhr. In den Sommermonaten haben wir auch sonn- und feiertags geöffnet. Bitte rufen Sie noch mal zu einem späteren Zeitpunkt an oder hinterlassen Sie nach dem Signalton eine Nachricht. Vielen Dank. Auf Wiederhören.

MITTEILUNG 4

Willkommen im Tierpark Hellabrunn. Für Besucher ist der Tierpark täglich von 9 – 17 Uhr geöffnet. Der Eintritt beträgt für Erwachsene 9 Euro, für Kinder von 4 – 14 Jahre 4,50 Euro, für Schüler und Studenten 6 Euro und für Rentner 6 Euro.

Den Tierpark erreichen Sie vom Marienplatz aus mit der Buslinie 52 bis Endhaltestelle „Tierpark" oder mit der U-Bahnlinie 3 vom Marienplatz bis U-Bahnhof „Thalkirchen". Bitte benutzen Sie die öffentlichen Verkehrsmittel. Wenn Sie mit dem Auto anreisen, beträgt die Parkplatzgebühr 3 Euro. Unser Tierparkrestaurant ist ganzjährig geöffnet. Wir wünschen Ihnen viel Spaß bei Ihrem Besuch im Tierpark Hellabrunn.

MITTEILUNG 5

Vielen Dank für Ihren Anruf bei IKEA. Unseren persönlichen Service erreichen Sie montags – freitags von 8.00 – 20.30 Uhr und samstags von 8.00 – 20.00 Uhr. Außerdem können Sie Kontakt über E-Mail mit uns aufnehmen unter www.ikea.de oder per Fax unter 0180-535 34 36. Auf Wiederhören bei IKEA!

31 Radio-Werbespots

WERBESPOT 1

- Und hast du einen Wunsch?
- Ich wünsch' mir diese Woche was von „Karstadt Sport" – da gibt's bis zu 30 Prozent reduzierte Markenskijacken und Markensnowboardjacken. Bis zu 30 Prozent reduziert, noch bis Freitag. Die Wunschtage bei „Karstadt Sport" machen glücklich.

WERBESPOT 2

Wir laden Sie ein. „Dr. Hermann Touristik" entführt Sie zu den Perlen Norditaliens. Erleben Sie den Frühling am Gardasee. Genießen Sie auf unserer 7-tägigen Reise italienische Lebensart der Extraklasse. Entdecken Sie historische Städte und malerische Landschaften. Lassen Sie sich verzaubern. Im Mai nächsten Jahres: Frühling am Gardasee. Informationen kostenfrei bei „Dr. Hermann Touristik" unter 0800-56 72 004.

WERBESPOT 3

Das ist das Neue: Paradiso 89,2. Berlins meiste Musik zum Wohlfühlen und Entspannen.

WERBESPOT 4

C&A hat wieder radikal reduziert. Jetzt bis zu 50 Prozent, z.B. Herrenmantel 49 Euro, Bluse 16 Euro, Pullover – reine Baumwolle – 17 Euro.

Alles was ich brauche ...

Alles für dich ...

Alles für mich ...

Alles für uns ...

Alles immer preiswert ...

Alles ... bei C&A

WERBESPOT 5

Alles ist möglich, es ist wirklich alles möglich! 7000 Euro sparen beim Kauf eines Dienst- oder eines Geschäftswagens. Bis zu 7000 Euro Preisvorteil bei Corsa, Astra und Vectra. Nur für kurze Zeit und in begrenzter Anzahl.

Autohaus Stühler, Königstraße 10 – 12.

32 Ein besonderes Event: Besuch im Dunkelrestaurant „unsicht-Bar" in Berlin"

Interviewerin: Herr Wacker, wann wurde das erste Dunkelrestaurant in Deutschland eröffnet?

Herr Wacker: Das erste Dunkelrestaurant wurde 2001 in Köln ins Leben gerufen, und zwar von Dr. Axel Rudolph. 2002 hat Herr Rudolph dann dieses Konzept nach Berlin an den Blindenverband verkauft, der das Restaurant über zwei Jahre betrieben hat. Leider ist es so, dass das Lokal im Sommer 2004 Insolvenz anmelden musste. Der Grund dafür war, dass der Blindenverbrand den Wunsch hatte, so viele Blinde wie möglich einzustellen. Die haben mit 20 Angestellten gearbeitet. Es gab ganz einfach zu viel Personal, das hier gearbeitet hat. Da kann man sich ausrechnen, dass so was nicht funktionieren kann.

© Praxis

HÖR-MANAGER
Transkription der Hörtexte

Interviewerin: Und dann haben Sie das Restaurant übernommen?

Herr Wacker: Ja, zum 1. November 2004 habe ich die „unsicht-Bar" zusammen mit einem Geschäftspartner übernommen.

Interviewerin: Wie viele Plätze gibt es?

Herr Wacker: 120.

Interviewerin: Haben Sie viele Gäste?

Herr Wacker: Fast jeden Freitag und Samstag sind alle Plätze belegt. Aber durchschnittlich haben wir ca. 100 Gäste.

Interviewerin: Und wie viele arbeiten jetzt im Restaurant?

Herr Wacker: Wir haben 6 Angestellte.

Interviewerin: Aber nicht alle Leute, die hier arbeiten, sind blind oder sehbehindert?

Herr Wacker: Nein, in der Küche nicht, hier im Foyer nicht; nur die Kellner sind blind oder sehbehindert.

Interviewerin: Welche Leute kommen hierher?

Herr Wacker: Mit den Gästen ist es so, dass wir nur von Reservierungen leben. Die meisten bereiten sich vor, für die ist es ein Event. Wir sind also nicht ein Restaurant, wo man abends mal hingeht, sondern es ist ein besonderes Event oder eine Veranstaltung. Jeder kann es sich nicht leisten, hier zu essen, weil das Essen ungefähr 50 Euro kostet. Aber wie gesagt, es ist ein Event. Die Gäste sparen für einen solchen Restaurantbesuch. Es ist ungefähr wie Zirkus oder Theater.

Interviewerin: Was passiert, wenn die Leute kommen?

Herr Wacker: Man kommt hier rein, man bestellt hier im Foyer das Essen. Es gibt sechs verschiedene Menüs, die saisonal angepasst sind, d.h. alle drei Monate gibt es eine neue Speisekarte. Nachdem die Gäste das Essen bestellt haben, werden sie von ihrem persönlichen Kellner abgeholt, er führt sie in den absolut finsteren Raum, wo dann das Menü serviert wird. Uhren und Handys sind tabu, weil das Lichtquellen sind. Eine Uhr hat eine Lichtquelle, ein Handy hat eine Lichtquelle. Es gibt in dem Restaurant keine Lichtquelle. Es ist so dunkel, dass Sie zwei Stunden lang die Hand vor Augen nicht sehen können.

Interviewerin: Kommt es vor, dass Gäste Angst bekommen und das Restaurant verlassen wollen?

Herr Wacker: Ja, das kommt vor. Von hundert Gästen können zwei oder höchstens drei es nicht ertragen. Ja, das passiert ... aber es ist ja verschwindend gering, prozentual gesehen.

Interviewerin: Sind die meisten Gäste zufrieden?

Herr Wacker: Ja, unbedingt. Umfragen zeigen, dass ca. 95 Prozent der Gäste sehr begeistert sind, vom Essen, vom Service, von dem Erlebnis, sie tragen ein schönes Erlebnis nach Haus. Natürlich gibt es den einen oder anderen, der sagt „Das Essen schmeckt mir nicht" oder so.

Interviewerin: Kommen viele Gäste zurück?

Herr Wacker: Es kommen einige zurück, aber man muss daran denken, dass es keine Stammkneipe ist, es ist ein einmaliges Erlebnis.

33 „Kein Mitleid zeigen." – Ein Gespräch mit Sandy Lehmann

Interviewer: Frau Lehmann, sind Sie blind oder sehbehindert?

Frau Lehmann: Ich bin stark sehbehindert, schwerbeschädigt wie man sagt. Von der Geburt an.

Interviewer: Sie arbeiten also hier im Dunkelrestaurant in Berlin?

Frau Lehmann: Genau, ich arbeite hier, und zwar als Kellnerin, seit knapp drei Jahren.

Interviewer: Wie gefällt es Ihnen, hier zu arbeiten?

Frau Lehmann: Das ist herrlich, absolut herrlich! Das ist nicht nur Arbeit, das ist auch Hobby irgendwo. Sie müssen sich vorstellen: Wir Blinde und Sehbehinderte sind in der Welt von anderen Menschen abhängig, wir müssen uns durchfragen, wir brauchen Hilfe und solche Dinge. Und hier ist es genau umgekehrt. Hier sind wir für Sie da, dieser Wechsel, der ist für uns unglaublich wichtig. Das ist ein wunderbares Gefühl.

Interviewer: Gibt es Berufe, die sich besonders für blinde Menschen eignen, und gibt es spezielle Berufsausbildungen?

Frau Lehmann: Ja, man hat versucht, Berufe für Blinde zu schaffen, wo sie am besten die Möglichkeiten haben, die anderen Sinne einzusetzen. Ich war ja in einer Ausbildung als Kauffrau. Dort waren auch Blinde. Da gab es z.B. Klavier-

© Praxis

HÖR-MANAGER

Transkription der Hörtexte

…stimmer, was ja übers Hören und übers Fühlen geht. Dann haben wir Korbflechter gehabt, die z.B. Wäschekörbe gemacht haben. Dann hatten wir Masseure. Masseur zu sein ist ein sehr beliebter Beruf bei Blinden. Es gibt natürlich auch andere Möglichkeiten. Im sozialen Bereich z.B. können Blinde andere Blinde beraten. Wenn einer frisch blind wird, kann er von einem Blinden betreut werden. Man kann auch Blindenlehrer werden. Es gibt schon Möglichkeiten, aber die Berufe sind rar, sagen wir mal so.

Interviewer: Wie ist die deutsche Gesellschaft Blinden gegenüber eingestellt?

Frau Lehmann: Die Gesellschaft ist schon eingerichtet. Wir haben den allgemeinen Blinden- und Sehbehindertenverein, der sich um solche Leute kümmert. Dann gibt es Hilfswerke. Staatlich gesehen wird schon eine ganze Menge gemacht.

Interviewer: Was denken die Menschen im Allgemeinen über Blinde?

Frau Lehmann: Es gibt natürlich Menschen, die ein bisschen engstirnig sind und die nicht wissen, wie man mit solchen Problemen umgeht. Dann gibt es natürlich recht viele Leute, die – ich nenne es ganz einfach – „beschränkt" sind, die sich keine Gedanken machen oder dumme Witze reißen. Man kommt aber normalerweise zurecht, es gibt immer hier und da Problemchen, das ist klar. Im Supermarkt finden einige Menschen es natürlich komisch, wenn man allzu lange im Portemonnaie sucht, und solche Dinge. Irgendwann entwickelt man aber eine dicke Haut.

Interviewer: Wie funktioniert es zu Hause bei Ihnen z.B. mit dem Kochen und Waschen?

Frau Lehmann: Das ist eigentlich kein größeres Problem. Es gibt z.B. Herde und Waschmaschinen für Blinde. Und was Kleidung angeht, wird halt alles sortiert, dann weiß man immer, welche Farbe das ist, es kommt alles an die gleichen Stellen in den Schrank zurück. Es ist wirklich eine Sache des Systems. Ich habe z.B. einen Kollegen hier, Hedi heißt er, er ist erst 16. Er kocht thailändisch, hammergut, es schmeckt köstlich!

Interviewer: Wie liest man eigentlich? Hat man Zugang zu Büchern und Zeitungen?

Frau Lehmann: Ja, es gibt in Deutschland, glaube ich, drei große Bibliotheken, die z.B. Hörbücher anbieten, speziell für Blinde. Der Versand ist sogar kostenlos. Im Postverkehr gibt es in Deutschland die so genannte „Blindensendung", die ist umsonst. Die werden speziell eingepackt, damit die Post das sehen kann. Die Bibliotheken können uns Zeitungen, Zeitschriften, Hörbücher zuschicken. Ja, es gibt alles.

Interviewer: Aber wie liest man seine Post eigentlich?

Frau Lehmann: Ja, das ist schwierig, das gebe ich zu. Aber dann kommen andere Menschen mit ins Spiel.

Interviewer: An welchen Sportarten können sich Blinde und Sehbehinderte beteiligen?

Frau Lehmann: Ja, ich würde sagen Krafttraining auf jeden Fall. Was kann man noch machen? Also, man kann auch Wassergymnastik machen. Ein Blinder kann auch rudern. Solange einer vorne sitzt, der die Richtung angibt.

Interviewer: Als Sehbehinderte, was vermissen Sie am meisten?

Frau Lehmann: Für mich persönlich ist es so: ich liebe schon mein Leben, aber jeder Mensch, der bestimmte Dinge nicht tun kann oder darf, wird genau diese vermissen. Das heißt, ich vermisse das Autofahren. Ich liebe es, Auto zu fahren. Und Sport vermisse ich natürlich auch: Handball, Fußball, draußen in der Sonne, wenn schönes Wetter ist, Federball, Volleyball. Klar, Dinge, die man nicht tun kann, wird man immer vermissen.

Interviewer: Abschließend möchte ich Sie fragen, woran wir Sehende im Umgang mit Blinden und Sehbehinderten denken sollten.

Frau Lehmann: Wichtig ist zu sagen: Trauen Sie sich an die Leute ran! Sagen Sie z.B. nicht „Es tut mir so Leid.", also kein Mitleid zeigen, die Menschen müssen mit sich selber genug kämpfen. Fragen Sie ganz einfach: „Was hast du denn? Siehst du schlecht? Kann ich dir helfen?" Man muss ganz einfach lockerer mit den Leuten umgehen – egal, wer das ist: Blinder, Rollstuhlfahrer usw. Es gibt nichts Schlimmeres, als blöd angeguckt zu werden.

© Praxis

HÖR-MANAGER
Transkription der Hörtexte

Interviewer: Danke schön für das Interview, Frau Lehmann.
Frau Lehmann: Gern geschehen.

34 Ingeborg Zechner, eine 16-jährige Schülerin aus Österreich, stellt sich vor

Ich heiße Ingeborg, bin 16 Jahre alt und lebe mit meiner Familie in einer kleinen Stadt namens Liezen in Österreich. Zur Schule gehe ich jedoch nicht in Liezen selbst, sondern ich muss jeden Tag mit dem Bus ca. 20 km nach Admont fahren, wo sich das Gymnasium befindet. An sich stört mich das Busfahren nicht sonderlich, doch es gibt immer wieder Zeiten, wo ich mir wünschen würde, in der Nähe der Schule zu wohnen, da ich ein Langschläfer bin und nichts mehr hasse als früh aufzustehen. Während der Schulzeit muss ich schon jeden Tag um 6 Uhr aus den Federn.

Diese „Faulheit" ist aber nicht nur beim morgendlichen Aufstehen zu bemerken, sondern auch oft, wenn es darum geht, Aufgaben für die Schule zu erledigen oder für eine Prüfung oder einen Test zu lernen. Da macht sich mein Minimalismus sehr bemerkbar: Alles wird bis auf den letzten Tag aufgeschoben, jedoch wird es dann oftmals brenzlig und ich weiß vor lauter Stress nicht mehr, was zuerst zu tun ist.

Neben der Schule habe ich noch ziemlich viele andere Interessen, die leider oft sehr zeitaufwändig sind. Ich treibe zum Beispiel sehr viel Sport, und da beschränke ich mich nicht auf eine Sportart, sondern will eigentlich alles ausprobieren. Vor einigen Jahren nahm der Sport noch eine Hauptrolle in meinem Leben ein, da ich wettkampfmäßig Langlaufen betrieben habe. Damit habe ich auch einige Erfolge gefeiert. Ich war sogar schon österreichische Meisterin im Langlauf! Jedoch fehlt mir dazu besonders heuer die Zeit und so beschloss ich, die Wettkämpfe sein zu lassen und diesen Sport nur mehr hobbymäßig auszuüben. Aber um ein wenig Geld zu verdienen, gebe ich im Winter mit meinem Vater, der Langlauftrainer ist, Langlaufkurse. Was gibt´s denn Schöneres, als mit seiner Lieblingsbeschäftigung auch noch Geld zu verdienen?

Neben dem Sport ist die Musik in meinem Leben sehr wichtig, wobei ich sagen muss, dass ich einen sehr eigenwilligen Musikgeschmack habe. Auf der einen Seite höre ich gerne Rockmusik und Punk, auf der anderen Seite jedoch liebe ich Opern, klassische Musik und Oratorien. Verrückt, oder?

Aber ich beschränke mich nicht nur aufs passive Musikhören, sondern mach´ auch selber Musik. Ich habe einige Jahre Violine gespielt. Doch da mich der Fleiß verließ, habe ich leider damit aufgehört, aber das bereue ich jetzt furchtbar. Außerdem singe ich in einer Band, die mit einigen Freunden habe, und in einem Chor. Und noch dazu nehme ich noch Gesangsstunden. Daher könnte ich mir vorstellen, vielleicht später etwas in diese Richtung zu machen, doch Gott sei Dank habe ich ja noch ein bisschen Zeit.

Außer der Musik und dem Sport treffe ich mich gerne mit meinen Freunden, um ins Kino, in die Oper oder zu diversen Konzerten zu gehen oder um einfach nur zu quatschen. Ja, Reden ist, laut meinem Freund, eine meiner großen Leidenschaften, denn wenn ich einmal angefangen habe, ist es relativ schwer, meinen Wortschwall wieder zu bremsen. Und diese Redefreudigkeit schlägt sich leider oft auch in meiner Handy-Rechnung nieder.

Ich glaube, dass ich ein Mensch mit sehr vielfältigen Interessen bin, die nicht immer leicht unter einen Hut zu bringen sind, dennoch würde ich nichts davon aufgeben wollen.

35 „Betteln hört sich so furchtbar an."

„Ich nenne das ‚arbeiten'. Betteln hört sich so furchtbar an", sagt er und starrt auf den Boden. Wir fragen ihn nach seinem Nachnamen. „So etwas brauche ich nicht. Aber vielleicht wäre Meyer nicht so schlecht. Meinen richtigen Nachnamen habe ich zwischen Brücke und Parkbank verloren. Die interessiert es nämlich nicht, ob sie einen einfachen Schmidt oder einen Krause beherbergen."

Peter arbeitete nach seiner Ausbildung als Mechaniker 15 Jahre lang in einer kleinen Werkstatt in Berlin. 1993 meldete die Firma Konkurs an und entließ alle Mitarbeiter. Auf die Frage, ob er nicht versucht habe, eine neue Arbeit zu bekommen, antwortet Peter: „Ich habe gut 50 Bewerbungen geschrieben. Ich habe nur Absagen bekommen. Oft ist es auch vorgekommen, dass ich überhaupt keine Antwort bekommen habe, ja, dann habe ich es irgendwann aufgegeben. Dann habe ich gedacht, dass es vielleicht irgendwo im Westen besser ist mit der Arbeit. Daher bin ich nach Münster gekommen. Hier ist es auch nicht besser geworden."

◆◆◆◆◆

Nach einiger Zeit in Münster fing Peter an, seine Sorgen und Probleme mit Alkohol zu betäuben. Er konnte die Miete nicht mehr zahlen, Strom, Gas und Wasser wurden abgestellt. Es ist sogar so weit gegangen, dass der Vermieter ihn hinausgeworfen hat. „Zwei Monate bin ich so rumgerannt, habe mein letztes Geld versoffen und mich selbst bemitleidet. Jetzt habe ich wenigstens die Alkoholsucht hinter mir. Aus purem Geldmangel. Alkohol fasse ich immer noch nicht an. Damit hat man nur Probleme. Jetzt funktioniert das mit dem Geld ein bisschen besser. An guten Tagen kann ich immer etwas für die schlechteren Zeiten zurücklegen. Manchmal reicht es sogar für ein Zimmer in einer Pension für eine Nacht."

Wenn Peter die Möglichkeit hat, in einer Pension zu schlafen, duscht er, wäscht seine Sachen und schläft in einem richtigen Bett. Meistens schläft er auf irgendeiner Parkbank oder unter einer Brücke am Dortmund-Ems-Kanal. Seine kleine Matte hat er immer in einer der vielen Tüten, die neben ihm stehen. „Schlimm ist, dass ich manchmal auf der Straße komisch angeguckt werde oder dass Passanten über mich tuscheln. Viele denken sicher 'Der lebt von meinen Steuern'."

Seine Hose ist an den Knien schon dünn, an den Schuhen lösen sich die Sohlen. Die Kleider stammen aus der Altkleidersammlung. „Die vom Roten Kreuz sind nett, die haben immer was für mich." Sonst hat Peter keinen Kontakt zum Sozialamt oder zu privaten Organisationen, die sich um Obdachlose kümmern. Warum nicht, möchten wir wissen. „Ich bin gerne unabhängig, zur Zeit komm' ich so ganz gut durch. Es ist ja kein schönes Gefühl, anderen Menschen auf der Tasche zu liegen."

36 „München – schön, aber teuer."

MARIO
München hat einen extrem hohen Freizeitwert. Im Winter ist man schnell in den Bergen, man kann Snowboard fahren oder so, im Sommer kann man sich in den Englischen Garten legen und ein Bier trinken. Das ist echt cool.

ALEX
Ein Vorteil ist, dass es nicht so groß ist. Also nicht so groß wie Berlin oder Hamburg. Dadurch ist ein Nachteil, dass nicht so viel los ist. Es macht alles ein bisschen früher zu. Die Lokale, die Bars und so, es gibt nicht so viele. Vorteil ist, dass es große Parks gibt, es ist eine grüne Stadt, viele Berge in der Nähe, Italien ist nicht weit. Das sind große Vorteile.

OLIVER
Vorteile sicherlich, dass die Lebensqualität so hoch ist, dass es viele Angebote gibt, kulturelle Angebote gibt. Ein Nachteil ist sicherlich, dass es sehr teuer ist.

BJÖRN
Ein Vorteil ist, dass es sehr sicher ist und auch sehr sauber. Ein Nachteil ist, dass es extrem teuer ist.

NADINE
Vor- und Nachteile von München? Es ist eine wunderschöne Stadt, man ist nicht weit weg vom Gebirge, nicht weit weg von den Seen. Aber München ist sehr teuer.

ANKE
Es gibt nur Vorteile. München ist die tollste Stadt!

NICOLE
Es ist ein schöner Ort mit Straßencafés, das Gebirge ist ganz in der Nähe, man kann tolle Ausflüge machen, die Seen sind wunderschön. Es ist aber recht teuer.

FRAU FRANK
Es gibt viele Nachteile. Das, was früher München interessant und schön gemacht hat, das ist alles weg. Das ist alles vorbei. Das gibt's nicht mehr in München. Hier ist wenig los. Aber schön ist natürlich das Oktoberfest.

37 Nachrichten (3)

NACHRICHT 1
In Japan können sich alte Menschen jetzt eine sprechende Puppe aus Plastik kaufen. Die soll ihnen als Ersatz-Einzelkind dienen. „Yumel", so heißt die Puppe, kostet ungerechnet 61 Euro und kann 1200 Worte sprechen. Sie kann zum Beispiel „Guten Morgen" und „Gute Nacht" sagen. Die Firmen, die in Japan Spielzeug verkaufen, haben bislang nur Spielzeug für Kinder und Jugendliche gemacht. Jetzt sind sie froh, dass sie etwas erfunden haben, das alte Menschen bei ihnen kaufen können. Denn in Japan gibt es immer weniger Kinder und Jugendliche und dafür immer mehr alte Menschen. Der Grund für die Freude der Spielzeughersteller ist also eigentlich kein guter: In Japan werden – im Vergleich zu anderen Ländern – besonders wenige Kinder geboren und gleichzeitig werden die Menschen in Japan besonders alt: Über 23.000 Japaner sind älter als 100 Jahre.

NACHRICHT 2
Die Polizei hat gestern Abend in der Nähe von Chemnitz ein Skinhead-Konzert mit ca. 500 Anhängern der rechtsradikalen Szene aufgelöst. Ein 29 Jahre alter Chemnitzer habe den Saal, der nur für 120 Personen angelegt ist, angemietet und das Treffen als private Feier deklariert, teilte die Polizei mit. Nach einem Hinweis war die Polizei mit 100 Beamten und einem Hubschrauber angerückt. Die Auflösung sei ohne größere Zwischenfälle verlaufen.

NACHRICHT 3
Bei einem Autounfall in der Nähe von Hannover sind in der Nacht zum Sonntag vier Menschen ums Leben gekommen. Drei weitere Personen wurden verletzt.

HÖR-MANAGER

Transkription der Hörtexte

Nach den Ermittlungen der Polizei war der mit sieben Menschen besetzte Wagen auf gerader Straße abgekommen und frontal gegen einen Baum geprallt. Die Ursache war zunächst unklar. Zwei Männer im Alter von 32 und 24 Jahren sowie zwei 19 Jahre alte Frauen starben noch am Unfallort. Zwei aus dem Irak stammende Mitfahrer wurden schwer verletzt. Der 25 Jahre alte Fahrer überstand den Unfall mit leichten Verletzungen.

38 In der Stadt oder auf dem Land wohnen?

INTERVIEW MIT CHRISTOFER DEHLER

Christopher: Ich heiße Christopher Dehler, bin 24 Jahre alt und wohne in Hamburg, wo ich ja auch geboren bin.

Interviewer: Und da sind Sie auch aufgewachsen?

Christopher: Ja, ich bin da aufgewachsen, meine Eltern kommen aus Hamburg, ich bin auch da zur Schule gegangen. Da habe ich natürlich auch meine Freunde usw.

Interviewer: Haben Sie mal in einem kleineren Ort gewohnt?

Christopher: Ja, ein paar Jahre, meine Eltern sind irgendwann mal rausgezogen, aufs platte Land, ich glaube, das war vor ungefähr 8 Jahren. Das hat mir aber nicht so gut gefallen, weil ich draußen in der Wildnis war. Ich hatte immer Probleme, in die Stadt zu kommen. Wenn man da kein Auto hat – ich hatte ja noch keinen Führerschein – da sieht es schlecht aus.

Interviewer: Jetzt wohnen sie seit ungefähr 7 Jahren wieder in Hamburg. Können Sie mal erzählen, welche Vorteile es gibt, in einer Großstadt zu leben?

Christopher: Ja, man kann natürlich sehr viel machen, du hast ja alle Diskotheken um die Ecke, na ja, dann hast du keine Probleme, deine Freizeit am Wochenende zu planen, du kannst dich mit deinen Kumpels treffen, mal ein Bierchen trinken ... und ich meine, auf dem Land, was gibt's da schon: da hast du die freiwillige Feuerwehr oder den Schützenverein, aber ich bin noch keine 100 Jahre alt, das ist wirklich nichts für mich.

Interviewer: Wo sehen Sie denn die Nachteile mit der Großstadt?

Christopher: Also, in bestimmten Gegenden kann man sich kaum aufhalten. Wenn ich an den Hamburger Hauptbahnhof denke, also, da kommen ja dauernd so komische Typen und fragen „Hast du mal 'nen Euro?" und da ist mir schon ein bisschen mulmig im Magen. Nee, das ist nichts ... Und abends mit der S-Bahn zu fahren, das will man ja kaum ... meine Freundin z.B. traut sich nicht, nach zehn Uhr mit der U-Bahn oder S-Bahn zu fahren. Das ist schon besser in einem kleineren Ort, das muss man schon sagen.

Interviewer: Können Sie sich überhaupt vorstellen, in Zukunft auf dem Lande zu wohnen?

Christopher: Ich glaube, das liegt dann weit in der Zukunft: Wenn ich einen guten Job hab' und dann vielleicht 40, 50, 60 Jahre alt bin, dann kann ich mir das denken, wenn ich Kinder hab', aber freiwillig wohl kaum.

INTERVIEW MIT SARA WIEST

Sara: Ich heiße Sara, bin 19 Jahre alt und ich wohne in einem Ort, der Nattheim heißt. Er liegt in der Nähe von Ulm, also in Süddeutschland.

Interviewer: Wie viele Einwohner hat Nattheim?

Sara: Etwa 5000.

Interviewer: Da sind Sie also geboren ...

Sara: Ja, ich bin in Nattheim geboren und aufgewachsen.

Interviewer: Können Sie Nattheim ein bisschen beschreiben?

Sara: Ja, wir haben eine schöne Dorfmitte, zwei Kirchen und natürlich ein paar Lebensmittelgeschäfte, das ist fast alles.

Interviewer: Welches sind Ihrer Meinung nach die Vorteile, in einem Dorf zu leben?

Sara: Man ist natürlich sehr schnell draußen im Wald, man kennt viele Leute in der Nachbarschaft, das ist sehr familiär.

Interviewer: Ich kann mir aber vorstellen, dass es auch ein paar Nachteile gibt. Sie haben gesagt, man kennt viele Leute, aber das kann vielleicht auch ein Problem sein, oder ...?

Sara: Ja, doch, der Dorf-Klatsch ist doch ziemlich heftig. Alles was zu Hause passiert, kriegen fast alle mit und das ist manchmal nicht so angenehm. Was noch nicht so gut ist, in einem kleinen Dorf zu wohnen, ist wenn man später studieren möchte. Es gibt nicht so viele Möglichkeiten in der Nähe. Hier in Nattheim gibt

HÖR-MANAGER

Transkription der Hörtexte

	es zum Beispiel nur die Grundschule und die Hauptschule, das heißt, wenn man das Gymnasium besuchen will, dann muss man ziemlich weit weg fahren.
Interviewer:	Was kann man, wenn man zum Beispiel 17–18 Jahre ist, in Nattheim machen? Gibt es Diskos oder ...?
Sara:	Also, Diskos gibt es keine, es gibt eine alte Kneipe, die neu hergerichtet ist, die ist ziemlich klein. Da treffen sich eben viele Jugendliche. Und es gibt einmal im Monat ein Café für Jugendliche, das von der evangelischen Gemeinde organisiert ist.
Interviewer:	Haben Sie manchmal das Gefühl, es wäre schon, in einer Großstadt zu wohnen?
Sara:	Nee, eine Großstadt auf keinen Fall. Da fühle ich mich nicht wohl. Ich hatte ja viele Studienfahrten in die Großstädte. Da war mir alles viel zu laut, viel zu schmutzig, ja viel zu hektisch einfach.
Interviewer:	Vielen Dank für das Interview.
Sara:	Bitte schön.

39 Auf Wohnungssuche

Frau Gaißer:	Gaißer.
Herr Braunmüller:	Guten Tag, hier spricht Braunmüller aus Köln. Ich rufe wegen der Wohnung an.
Frau Gaißer:	O.k.
Herr Braunmüller:	Ich habe ein paar Fragen. Können Sie mir sagen, wo genau in Berlin die Wohnung liegt?
Frau Gaißer:	Ja, natürlich. Sie liegt in der Blissestraße, nicht weit vom Bundesplatz.
Herr Braunmüller:	Das ist also in Westberlin?
Frau Gaißer:	Ganz genau, die Blissestraße liegt im Bezirk Wilmersdorf, südlich vom Bahnhof Zoo, die Lage ist sehr zentral.
Herr Braunmüller:	Wunderbar. In der Anzeige steht, dass die Wohnung möbliert ist. Darf ich fragen, ist auch eine Waschmaschine vorhanden? Und gibt es vielleicht auch einen Fernseher?
Frau Gaißer:	Die Küche ist eigentlich vollständig eingerichtet mit Geschirr, Besteck, Gläsern, Töpfen usw. In der Küche steht auch die Waschmaschine. Es gibt auch einen kleinen Fernseher.
Herr Braunmüller:	Gut. Und wie groß sind die Zimmer?
Frau Gaißer:	Das Wohnzimmer ist ca. 18 m^2 groß, das Schlafzimmer ist kleiner. Durch einen fast quadratischen Schnitt ist das Schlafzimmer aber sehr schön und 12 m^2 hat es allemal.
Herr Braunmüller:	Ja, und was können Sie über den Zustand der Wohnung sagen?
Frau Gaißer:	Jedes Zimmer hat eine andere Farbe, das hab' ich mit Pigmenten gemacht. Die Küche ist grün, das Bad blau, das Wohnzimmer orange und das Schlafzimmer pink. Dadurch bekommt die Wohnung ein wenig Charme. Renovierungsbedürftig ist sie eigentlich nicht, auch wenn hier und da mal die Fenster neu lackiert werden könnten.
Herr Braunmüller:	Die Miete ist 450 €. Stimmt das?
Frau Gaißer:	Ja, das stimmt.
Herr Braunmüller:	Kommen die Nebenkosten dazu?
Frau Gaißer:	Ja, 450 € sind die Kaltmiete. Die Nebenkosten schätze ich im Sommer auf ungefähr 32 €, im Winter sind sie wegen der Zentralheizung aber bestimmt höher.
Herr Braunmüller:	Gibt es einen Balkon?
Frau Gaißer:	Ja, der ist aber nicht riesengroß, aber ich bin schon zu dritt draußen gewesen. Es sind auch Stühle, ein Liegestuhl und ein Sonnenschirm in der Kammer. Ab wann wollen Sie die Wohnung mieten?
Herr Braunmüller:	Ab Ende November wenn möglich, weil ich in Berlin eine Arbeit bekommen habe. Die fängt am 1.12. an. Am Dienstag nächster Woche bin ich in Berlin. Können Sie mir dann die Wohnung zeigen?
Frau Gaißer:	Natürlich, aber weil ich nächste Woche im Ausland bin, kann ich Ihnen die Wohnung nicht persönlich zeigen. Ich werde aber meine Nachbarin bitten, Ihnen die Wohnung zu zeigen. Können Sie bitte morgen Abend wieder anrufen, dann können wir einen Termin ausmachen.

HÖR-MANAGER — Transkription der Hörtexte

Herr Braunmüller: Sehr gut. Dann hören Sie morgen wieder von mir. Vielen Dank. Auf Wiederhören und schönen Abend noch.
Frau Gaißer: Danke gleichfalls. Auf Wiederhören.

40 Unser Team braucht Verstärkung – zehn Stellenanzeigen

1. Drei Zahnärzte in Nordnorwegen ab sofort gesucht. Gehalt ab 47.000 Euro/Jahr. 3 Monate Sprachkurs gratis.
2. Unser Team braucht Verstärkung, wir suchen einen Friseur. Wenn Sie Kontakt mit Kunden mögen und in einem tollen, kreativen Team arbeiten möchten, freuen wir uns auf Ihre Bewerbung.
3. Für die Sommersaison suchen wir junge, motivierte Leute als Kellner und Köche. Pizzabäcker-Café „Am Neuen See".
4. Dachdecker gesucht. Wenn Sie eine abgeschlossene Berufsausbildung haben und bereits Erfahrungen sammeln konnten, sind Sie bei uns richtig.
5. Für seriöse Werbeaufnahmen suchen wir neue männliche und weibliche Models, zwischen 18 und 40 Jahre für eine langfristige Zusammenarbeit.
6. Englischlehrer, engagiert und flexibel für ca. 22 Stunden/Woche von privater Sprachschule gesucht, PKW erforderlich.
7. Übersetzer als freier Mitarbeiter für die Übersetzung medizinischer Fachartikel aus dem Deutschen ins Englische gesucht. Durchschnittlich fünf Fachartikel pro Monat sind zur Übersetzung vorgesehen. Englisch ist Ihre Muttersprache und idealerweise verfügen Sie über eine medizinische Ausbildung.
8. Für unser Büro suchen wir ab dem 1. Oktober eine zuverlässige und fleißige Putzfrau.
9. Für unsere Frauenzeitschrift „bella" suchen wir ab den 15.10. eine Redakteurin. Schicken Sie uns Ihre Bewerbung mit Lebenslauf, Lichtbild, Zeugniskopien und Gehaltswunsch.
10. Für unsere Kanzlei suchen wir ab sofort eine Telefonistin. 30 Stunden/Woche. Telefonische Bewerbung Mo/Di 13–15 Uhr. Tel. 64 58 86 05.

41 „Sind Sie mit Ihrem Beruf zufrieden?"

MARKUS DITTRICH
Ich arbeite schon seit fünf Jahren als Altenpfleger. Manchmal frage ich mich, warum ich diesen Beruf gewählt habe – es gibt manchmal so viel Stress und Ärger. Oft sind die Arbeitszeiten ungünstig. Es kommt vor, dass ich 12 Tage am Stück arbeite. Das größte Problem finde ich ist, dass ich nicht so viel Zeit für die Bewohner habe. Aber auf der anderen Seite arbeite ich ja mit Menschen, die meistens sehr dankbar sind und die ohne uns nicht mehr ihr Leben leben könnten.

ANGELIKA JIRSCHIK
Ich habe meine Ausbildung als Bibliothekarin Anfang der siebziger Jahre gemacht. Damals war das ein langweiliger Beruf, weil z.B. alles mit der Schreibmaschine getippt wurde. Heute ist es ein moderner Beruf geworden. Über das Internet ist man mit Bibliotheken in aller Welt verbunden. Die Informationsvermittlung ist zu einem Schwerpunkt geworden. Als Bibliothekar muss man sich laufend mit neuen Medien vertraut machen. Wenn man an einer kleineren Bibliothek arbeitet, wie ich, ist die Arbeit abwechslungsreich und man hat viel Kontakt mit Menschen. Die Arbeit erweitert meine Allgemeinbildung Tag für Tag.

CHRISTINA HORST
Ja, ich muss sagen, ich bin mit meiner Arbeit sehr zufrieden. Schon als Kind interessierten mich Frisuren. Ich versuche oft, neue Frisuren zu erfinden und interessante Frisuren nachzunahmen. Ich liebe es, mit Menschen zusammenzuarbeiten. Der Kontakt zu den Kunden und besonders die individuelle Beratung sind mir sehr wichtig. Ein schönes Gefühl ist es, wenn ein Kunde mein Geschäft zufrieden verlässt.

STEPHAN SIGG
Ich bin sehr gerne Schriftsteller. Schon in der Schule habe ich davon geträumt, Schriftsteller zu werden und Bücher zu veröffentlichen. Ich erfinde gerne Geschichten. Als Schriftsteller verbringt man aber viel Zeit vor dem Computer und hat wenig Kontakt zu anderen Menschen. Darum fühlt man sich manchmal etwas einsam. Deshalb freue ich mich immer, wenn ich zu Lesungen eingeladen werde. Dann kann ich aus meinen Büchern vorlesen und mit den Zuhörern über meine Geschichten diskutieren. Ein Nachteil am Beruf des Schriftstellers ist, dass man keine festen Arbeitszeiten hat. Jeder Autor muss selber einteilen, wann er schreibt. Dafür braucht man viel Disziplin. Ich komme ja aus der Schweiz, wo es nicht so einfach ist, als Schriftsteller bekannt zu werden. Denn es gibt sehr wenige Stipendien und Literaturpreise.

MARKUS WEIG
Vor einigen Monaten habe ich meine Referendarausbildung begonnen, die in Deutschland normalerweise zwei Jahre dauert. Meine Fächer sind Mathematik und Schulpsychologie. Der Lehrerberuf war eigentlich nie mein wirklicher Traumberuf, und ich kann immer noch nicht sagen, ob mir der Beruf wirklich Spaß macht. Ich erlebe täglich, dass viele Schüler Angst vor Mathematik

haben und auch kein größeres Interesse dafür aufbringen, was ich sehr schade finde. Das hat natürlich zur Folge, dass ich mich als Lehrer nicht immer so motiviert fühle. Was ich während dieser Ausbildungszeit recht unangenehm finde, sind die Bewertungen meiner Arbeit durch erfahrene Betreuungslehrer, die regelmäßig meinen Unterricht besuchen. Daher kann ich sehr gut verstehen, dass die Schüler es manchmal als anstrengend empfinden, von ihren Lehrern beurteilt zu werden. Im Großen und Ganzen bin ich trotz allem recht zufrieden mit meiner Berufswahl.

42 Helgoland – der rote Felsen

Mitten in der Nordsee liegt Helgoland, Deutschlands einzige Hochseeinsel. Helgoland besteht aus einer Hauptinsel, die 1 km² groß ist, sowie aus der 0,7 km² großen Düneninsel.

Ca. 1500 Menschen leben auf Helgoland. Im Sommer aber kommen bis zu 7000 Tagesbesucher. Die Bevölkerung Helgolands lebt daher zum größten Teil von Einnahmen aus dem Tourismus. Die meisten Gäste wollen billig einkaufen, denn Helgoland ist ein richtiges Einkaufsparadies. Es ist nämlich die einzige deutsche Insel, auf der man zollfrei einkaufen kann. Aber es gibt natürlich viele andere Dinge, die die Gäste aus allen Himmelsrichtungen anziehen: die roten Felsen, die weißen Strände, das blaugraue Meer ringsrum, die schöne Natur mit vielen seltenen Seevögeln usw.

Für junge Leute gibt's natürlich viel zu tun: Kneipen, zwei Diskos, in den Sommermonaten viele Inselfeste etc. Die Schule auf Helgoland geht nur bis zur 10. Klasse, so dass die Schüler, die das Abitur machen wollen, aufs Festland ins Internat müssen.

Von den Sehenswürdigkeiten kann man z.B. die Vogelwarte erwähnen. Das ist ein Institut für Vogelvorschung. Die Mitarbeiter des Instituts beringen durchschnittlich ca. 15.000 Zuvögel pro Jahr.

Und wie erreicht man Helgoland? Es gibt natürlich viele Möglichkeiten. Warum nicht mit dem Hochgeschwindigkeitskatamaran von Hamburg fahren? Nach 3,5 Stunden Fahrzeit erreicht man die rote Insel in der Nordsee.

43 „Wien, Wien, nur du allein …"

Wien ist die Hauptstadt Österreichs und eine der größten und schönsten Städte Mitteleuropas. Sie liegt nur rund 50 km von Bratislava, der Hauptstadt der Slowakei, entfernt. Wien hat ca. 1,7 Millionen Einwohner.

Wien hat eine bewegte Geschichte. Nachdem die Stadt lange Zeit die Hauptstadt des österreichischen Kaiserreiches war, ist sie seit dem Ende des Ersten Weltkrieges kulturelles und wirtschaftliches Zentrum Österreichs. Aber die Geschichte Wiens ist überall spürbar. So ist die wunderschöne Innenstadt, oder der „erste Bezirk", wie die Wiener sagen würden, seit einigen Jahren UNESCO-Weltkulturerbe.

Am besten entdeckt man den ersten Bezirk, also die Innenstadt, zu Fuß oder per Fiaker. Der Fiaker stammt noch aus der ehemaligen Monarchie und ist typisch für Wien. Ein Fiaker ist eine Kutsche mit zwei vorgespannten Pferden. Mit dem Fiaker kann man eine Runde auf der Ringstraße machen. Sie ist Wiens Prachtstraße, an der u.a. die Staatsoper, das Parlament, das Rathaus und die Universität liegen. Oder man bittet den Fiakerfahrer, durch die kleinen Gässchen der Innenstadt zu fahren, vorbei an den alten, berühmten Kaffeehäusern und wunderschönen Kirchen. Egal, wo man im ersten Bezirk umherspaziert, man wird immer wieder zwischen den Häusern den Stephansdom hervorgucken sehen. Der „Steffl", wie die Wiener die Kirche nennen, ist ein gotischer Dom mitten im Zentrum der Stadt. Im Jahre 1945 wurde er durch den 2. Weltkrieg zerstört. Alle österreichischen Bundesländer halfen mit, den Dom wieder aufzubauen.

◆◆◆◆◆

Aber auch abseits der Innenstadt hat Wien einiges zu bieten. Das Schloss Schönbrunn ist auf jeden Fall einen Besuch wert. Und auch der Wiener Prater. Dieser Vergnügungspark mit dem 65 Meter hohen Riesenrad, der Liliputbahn, den Geisterbahnen und Schießbuden ist sehr bekannt.

Wer ein wenig Erholung sucht, sollte einen gemütlichen Spaziergang auf der „Donauinsel" machen. Dort findet einmal im Jahr das so genannte Donauinselfest statt – ein riesiges Open-Air-Festival mit vielen Konzerten z.B. Pop, Rock, Jazz, Volksmusik, aber auch klassische Musik, das jedes Jahr mehrere Millionen Menschen anlockt. Für Kunstinteressierte hat Wien zahlreiche berühmte Museen, darunter das Kunsthistorische Museum oder das Museumsquartier.

Man darf natürlich nicht vergessen, dass Wien wie keine andere Stadt der Welt eine Metropole der Musik ist. Hier haben viele berühmte Komponisten wie z.B. Mozart, Beethoven, Schubert und der Walzerkönig Johann Strauß gelebt.

Der weltberühmte Chor „Die Wiener Sängerknaben" ist auch in Wien zu Hause. Der Chor wurde schon 1498 gegründet. Das Repertoire ist vielseitig: von der Musik der Renaissance bis zu Kompositionen des 20. Jahrhunderts. Der Chor besteht aus ca. 150 Knaben im Alter von 10 – 14 Jahren.

Wien ist eine lebendige Stadt, auch am Abend. Wer einen gemütlichen Abend verbringen möchte, kann in eines der vielen Restaurants und Beiseln gehen und die

HÖR-MANAGER

Transkription der Hörtexte

gute Wiener Küche genießen. Oder man kann nach Grinzing zu einem Wiener Heurigen gehen, um dort Wiener Wein und verschiedene Spezialitäten zu probieren. In einem Heurigen trinkt man Wein von der letzten Ernte. Wer so richtig das Nachtleben genießen will, wird in der Innenstadt sicher viel Spaß haben. Aber egal wo in Wien: ein nettes Lokal ist immer ums Eck. In Wien ist für jeden etwas dabei: Kunst, Kultur, Erholung und Spaß. Und egal zu welcher Jahreszeit, die Stadt verzaubert jeden Besucher.

44 Nachts wandern für mehr Sicherheit

Monika Köhler wohnt in Bremen. Sie sitzt unruhig auf ihrem Stuhl. Heute Abend geht es das erste Mal raus zu einem Nachtwanderer-Einsatz. Monika, die nächstes Jahr 60 wird, kann kaum erwarten, dass es losgeht. „Ich habe mir oft Sorgen um meine Tochter gemacht, wenn sie nachts unterwegs war. Und dann habe ich mich auf den Weg gemacht und sie begleitet, natürlich ohne dass sie es merkte", sagt die fröhliche, kleine Frau. „Inzwischen ist meine Tochter verheiratet, hat selbst schon Kinder und wohnt in Schweden. Als ich jetzt von der Initiative erfahren habe, war ich sofort dabei."

Eltern und Großeltern von Jugendlichen schließen sich der „Bremer Initiative der Nachtwanderer" an. Gemeinsam ist ihnen allen die Sorge um die Jugendlichen im Nachtleben.

Das erste Ziel an diesem Abend ist der Bahnhofsplatz. Eine laute Auseinandersetzung von türkischen Jugendlichen dringt herüber. Der Tonfall wird recht aggressiv. Eine klassische Situation für Nachtwanderer. Monika und ein paar Kollegen gehen auf die Jungs zu, stellen sich schweigend zu ihnen und sprechen sie dann an. „Guten Abend." – „Sind Sie von der Polizei?", fragt einer der Jungs. „Nein, wir sind Nachtwanderer. Habt ihr schon mal von uns gehört?"

Vergessen ist der Streit, ein Gespräch entsteht. Immer wieder fragen die Jungs: „Ihr macht das wirklich ohne Kohle?" Die Stimmung ist umgeschlagen. Es ist sicherer und ruhiger geworden.

Die Wiege der Initiative ist Stockholm. „Wir brauchen Erwachsene, die sich kümmern", lautet das Motto der schwedischen Nachtwanderer. Seit 1987 sind hier Erwachsene nachts auf den Straßen unterwegs, statt besorgt wach zu liegen und darauf zu warten, dass ihre Kinder nach Hause kommen. Inzwischen zählt man in Schweden jährlich etwa 200.000 Nachtwanderer, über 300 Orte verteilt.

Auch in Norwegen, Dänemark und Estland macht die Initiative Schule. In vielen Orten sank die Jugend-Kriminalität, weil die Nachtwanderer im Einsatz waren. „In unserer Gesellschaft hat sich eine Weggguck-Mentalität breit gemacht. Dagegen wollen wir kämpfen", sagt Monika.

45 „Sterben müssen alle einmal …"

Sabine ist erst 14 Jahre alt und blickt schon auf eine zweijährige Raucherkarriere zurück. Mit zwölf rauchte sie das erste Mal und tut es noch heute gerne. „Sterben müssen alle einmal", sagt Sabine mit jugendlichem Leichtsinn.

Sabine geht in die achte Klasse eines Gymnasiums in Hannover und raucht bereits auf dem Schulweg. Es werden meist vier bis sechs Zigaretten, bis ein gewöhnlicher Schulalltag zu Ende geht. „Eigentlich fast alle Freunde, die rauchen, rauchen auf dem Schulweg ihre erste Zigarette", sagt Sabine.

Jeder dritte Jugendliche in ihrem Alter raucht. Sabine gibt 40 Euro im Monat für Zigaretten aus und raucht ein halbes Päckchen pro Tag. Angefangen hat sie durch ihren ersten Freund, den sie mit zwölf Jahren kennen lernte. Ihre Mutter merkte schnell, dass etwas nicht stimmte. Immer häufiger fand sie Zigarettenschachteln in Sabines Taschen. Es seien die Zigaretten einer Freundin, hieß es dann, bis das Mädchen ihrer Mutter die Wahrheit offenbarte.

Ihre Mutter vertritt die Ansicht, dass Verbote wenig helfen. Sabine darf jetzt auch zu Hause rauchen. „Also, ich kann nicht sagen warum", sagt Sabine, „es wäre schwer, hier zu stehen und keine zu rauchen." Sie spielt gerne Billard und irgendwie scheint Rauchen zu dem Spiel zu gehören. Der Glimmstängel und die Rauchschwaden unter den Lampenschirmen verleihen dem Salon eine besondere Atmosphäre. Das findet zumindest Sabine.

HÖR-MANAGER

Lösungen

AUFGABENBLATT 1
- Aufgabe während des Hörens: 5, 27, 25, 77, zum Flughafen, 41, 54, 81, 9, Olympiastadion, rechts.

AUFGABENBLATT 2
- Aufgabe während des Hörens:
  Ziehung 1: 14, 15, 17, 25, 34, 42, Zusatzzahl 41   Ziehung 2: 7, 10, 16, 26, 38, 49, Zusatzzahl 27
  Ziehung 3: 15, 18, 25, 27, 37, 46, Zusatzzahl 8   Ziehung 4: 3, 11, 22, 33, 39, 43, Zusatzzahl 19

AUFGABENBLATT 3
- Aufgabe während des Hörens: 19.00 Uhr, 19.20 Uhr, 19.25 Uhr, 20.15 Uhr, 21 Uhr, 21.45 Uhr, 22.13 Uhr, 22.15 Uhr, 23.00 Uhr, 00.30 Uhr

AUFGABENBLATT 4
- Aufgabe während des Hörens: 5.2. in München, 9.2. in Zürich, 13.2. in Bern, 16.2. in Wien, 27.2. in Leipzig, 8.3. in Köln, 10.3. und 11.3. in Hamburg, 21.3. – 23.3. in Berlin
- Aufgabe nach dem Hören: abhängig vom Kurs

AUFGABENBLATT 5
- Aufgabe während des Hörens:
  1. Gespräch 1: Carsten Fischer – 089 68 72 08 65
     Gespräch 2: Deutsche Botschaft in Stockholm – 0046 8-6701500
     Gespräch 3: Bei Tante Klara – 0228-467482
  2. a. Inlandsauskunft: 11833   b. Auslandsauskunft: 11834

AUFGABENBLATT 6
- Aufgabe während des Hörens:
  Dialog 1: 1b, 2b, 3a
  Dialog 2: 1a: Nicole: Apfelstrudel mit Eis und eine Tasse Kaffee
           1b: Michael: Wiener Schnitzel mit Bratkartoffeln, einen knackigen Salat und ein Bier
           2: Sie zahlen zusammen
           3: Das macht 18, 90 Euro
           4: „Vielen Dank. Einen schönen Nachmittag noch."
  Dialog 3: 1. 4 Personen   2. 1 Nacht   3. 62 Euro mit Frühstück
           4. auf dieser Etage (Anmerkung: also auf der Etage, auf der die Personen auch jetzt sind)
           5. c   6. c   7. a
- Aufgabe nach dem Hören (Teil 1): noch – Kindern – Nacht – zwei – Doppelzimmerpreis – Gang – Etage – wann – parken – Querstraße – Minuten – nur – Vielen
- Aufgabe nach dem Hören (Teil 2):

1	2	3	4	5
C	A	B	D	O

AUFGABENBLATT 7
- Aufgabe vor dem Hören: 7, 12, 3, 8, 11, 1, 9, 2, 10, 4, 6, 5
- Aufgabe nach dem Hören: abhängig vom Kurs

AUFGABENBLATT 8
- Aufgabe während des Hörens:
  1. Tourist 1: in die / zur Goethestraße   Tourist 2: zum Waidmannsplatz
     Tourist 3: zum Bahnhof   Tourist 4: zum Postamt
  2. abhängig vom Kurs
  3. abhängig vom Kurs

AUFGABENBLATT 9
- Aufgabe während des Hörens: 1. Sie hat gefeiert.
  2. einen englischen Roman, eine DVD, eine Stehlampe
  3. Sie geht mit der Familie abends essen.
- Aufgabe nach dem Hören: 1. b   2. d   3. i/e   4. a   5. c   6. g   7. h/k   8. f./j   9. l   10. m

© Praxis

102

HÖR-MANAGER

Lösungen

AUFGABENBLATT 10

- Aufgabe während des Hörens:

  NINA
  - 1a: Englisch   b: Französisch   c: Italienisch
  - 2: Weil ihre Eltern Ingenieure sind.
  - 3: Weil er besser weiß, was sie für die Schule braucht.
  - 4a+b: spielt Klavier, Saxophon und Tennis und singt im Schulchor
  - 5: Klamotten und Mädchen-Zeitschriften
  - 6: Schriftstellerin

  TIM
  - 7: Er hat keine Lust / keinen Bock aufs Lernen
  - 8: 26 (Stunden)
  - 9: Seine Eltern fordern immer wieder bessere Noten von ihm.
  - 10a: fernsehen   10b: chatten
  - 11: Er weiß noch nicht, was er werden will, vielleicht Automechaniker.

- Aufgabe nach dem Hören:

1	2	3	4	5	6
d	f	a	e	b	c

AUFGABENBLATT 11

- Aufgabe während des Hörens:
  1. Durchsage 1 – im Kaufhaus • Durchsage 2 – am Hauptbahnhof • Durchsage 3 – am Flughafen
  2. Durchsage 1: Das Kaufhaus schließt gleich.
     Durchsage 2: Der Zug fährt nach Berlin. / Der Zug hat Verspätung.
     Durchsage 3: Die Passagiere sollen zum Flugsteig B 6 gehen.
  3. Durchsage 4: Beim Informationszentrum zwischen den Gleisen 12 und 13.
     Durchsage 5: Um 17.05 Uhr

AUFGABENBLATT 12

- Aufgabe vor dem Hören: abhängig vom Kurs
- Aufgabe während des Hörens:

  Frage 1:   (Paul)   (a) 4. – (b) 25. – (c) 1936 – (d) 1947
             (Olga)   (e) 16. – (f) 20. – (g) 11.
             (Tim)   (h) 1. – (i) 1980 – (j) 7. – (k) 1953 – (l) 30.

  Frage 2:   Paul – c, e   Olga – a, d   Tim – b, f

  Frage 3:   Paul – 1. Er möchte ein paar Kinder haben.
                     2. Auf dem Land in einem schönen Häuschen.
             Olga – 3. In einem Verlag oder in einer Botschaft.
                     4. Dann braucht sie einen Mann mit viel Geld und ist Hausfrau.
             Tim –   5. Er sieht keinen Sinn im Heiraten. / Es gibt keine Vorteile, wenn man verheiratet ist.
                     6. Er möchte in Irland wohnen. Die Menschen dort sind superklasse und können feiern.

AUFGABENBLATT 13

- Aufgabe während des Hörens:

  (Hanna)   a. Weil ihre Schwester zu Besuch kommt.
            b. Nachmittag: Kaffee trinken und Shoppen gehen
  Abend: sie kocht mit ihrer Schwester zusammen und dann gehen die beiden noch weg
  (Paul)   c. In einem kleinen Hotel an der Rezeption.
            d. Sie gefällt ihm nicht und es gibt Leute, die er nicht mag.

- Aufgabe nach dem Hören: Der passende Termin ist um 15 Uhr.

AUFGABENBLATT 14

DEUTSCHLAND

- Aufgabe vor dem Hören: abhängig vom Kurs

© Praxis

HÖR-MANAGER

Lösungen

- Aufgabe während des Hörens:
  1. Dänemark, Polen, Tschechien, Österreich, der Schweiz, Frankreich, Luxemburg, Belgien, & den Niederlanden
  2. a. 16   b. abhängig vom Kurs
  3. Zugspitze (2962 m)
  4. der Rhein, die Donau, die Elbe, die Weser, die Oder
  5. a. 3,4 Millionen   b. 1,7 Millionen   c. 1,3 Millionen   d. 970.000   e. 660.000
  6. a. CDU   b. SPD   c. CSU

ÖSTERREICH
- Aufgabe vor dem Hören: abhängig vom Kurs
- Aufgabe während des Hörens:
  1. 84.00km²
  2. Deutschland, Ungarn, die Schweiz
  3. a. gut 8 Millionen   b. mehr als 90 Prozent
  4. a. für die Olympischen Winterspiele 1964 und 1976   b. für das Geburtshaus Mozarts und die Festspiele
  5. der Fremdenverkehr (=Tourismus)
  6. seit dem 1.1.1995

DIE SCHWEIZ
- Aufgabe während des Hörens:

a. Deutschland	b. Liechtenstein	c. Österreich	d. Italien
e. Frankreich	f. 1291	g. 26	h. 7,5 Millionen
i. 21	j. 4634	k. Matterhorn	l. 4478
m. Französisch	n. Italienisch	o. 100.000	p. Genf q. Bern

AUFGABENBLATT 15
- Aufgabe vor dem Hören: abhängig vom Kurs
- Aufgabe während des Hörens:
  1. a. Der Ku´Damm hatte in den 20er Jahren seine schönsten Zeiten.
     b. Der Ku´Damm ist 3,5 km lang und die größte Einkaufsstraße von Westberlin.
  2. a. knapp 200   b. das Erotik-Museum
  3. Ende des 19. Jahrhunderts
  4. a. Es ist der älteste deutsche Zoo. Er wurde 1844 eröffnet. Er ist einer der artenreichsten Zoos der Welt; hier leben 15.000 Tiere und 1500 Arten.
     b. Sie wollen ein Zeichen gegen Konkurrenzdenken und Eifersucht setzen.
  5. Weil dort die Mauer war / verlief.
  6. Der bekannteste Grenzübergang in Berlin, der nur für Diplomaten und Ausländer offen war.
  7. a. war in den 20er Jahren nicht so elegant, denn es gab mehr als 100 Kneipen und Bordelle
     b. liegt hinter dem Rathaus – ist nach Berlins ältester Kirche, der Nikolaikirche benannt
     c. aus dem 13. Jahrhundert, ist Berlins älteste Kirche
     d. ist am Alexanderplatz – 386 m hoch – wurde Ende der 60er Jahre gebaut – hat eine drehbare Aussichtsplattform mit einem Café
     e. es gibt berühmte Museen – das berühmteste Museum ist das Pergamonmuseum – im Pergamonmuseum steht der Pergamonaltar, eines der sieben Weltwunder
     f. wurde Ende des 18. Jahrhunderts als Friedenstor erbaut – Symbol der deutschen Wiedervereinigung
  8. c
  9. a
  10. c

AUFGABENBLATT 16
- Aufgabe vor dem Hören: C, A, D, B
- Aufgabe während des Hörens: 1 F, 2 F, 3 R, 4 R, 5 F, 6 R, 7 R, 8 R, 9 F, 10 R

© Praxis

HÖR-MANAGER

Lösungen

AUFGABENBLATT 17
- Aufgabe während des Hörens: 1 F, 2 R, 3 R, 4 F, 5 R,
6. das Museum für Kommunikation: beschäftigt sich mit der Geschichte der Informationsvermittlung – von der Körpersprache bis zur E-Mail
   das Einsteinhaus: es ist das ehemalige Geburtshaus Einsteins
   das Paul-Klee-Zentrum: dort hängen 4000 Bilder des Schweizer Malers
7. 864 m, 8. Gurtenfestival, 9. a

AUFGABENBLATT 18
- Aufgabe vor dem Hören: abhängig vom Kurs, mögliche Ideen:
  - den Kindern bei den Hausaufgaben helfen
  - die Kinder zur Schule bringen
  - einige Arbeiten im Haushalt erledigen
  - einen Sprachkurs (der Landessprache) besuchen
- Aufgabe während des Hörens: 1 R, 2 R, 3 F, 4 R, 5 F
- Aufgabe nach dem Hören: abhängig vom Kurs

AUFGABENBLATT 19
1 F, 2 R, 3 F, 4 R, 5 F, 6 F, 7 F, 8 R, 9 R, 10 F

AUFGABENBLATT 20
- Aufgabe während des Hörens:

(ALLAA) 1. a. 1996
   b. Der Vater wurde politisch verfolgt
2. a.+b. Weil sie in Deutschland aufgewachsen ist. / … ihre Freunde hat. /
   … zur Schule gegangen ist. / Weil sie sich in Deutschland besser fühlt.
3. + Ihr gefällt es, aufs Gymnasium zu gehen. / Die Lehrer sind super. / Man lernt viel.
   - Es gibt fast nur Mädchen in ihrer Schule.
4. Am Samstag arbeitet sie bei Vodafone. Am Sonntag macht sie sich die Haare und die Nägel, besucht Freunde und geht manchmal in ein Café, um Wasserpfeife zu rauchen.
5. Sie will entweder Journalismus oder Medizin studieren. Sie möchte auch den Führerschein machen und ein schönes Auto kaufen.

(SEVKAN) 6. Ihre Eltern sind – als sie jung waren (16 – 17 Jahre alt) – aus der Türkei nach Deutschland gekommen, um dort zu arbeiten.
7. Das Gymnasium gefällt ihr. Die Lehrer sind das Beste, denn sie sind nett, jung und engagiert. Aber sie findet es nicht gut, dass die Schule um 8 Uhr beginnt, weil sie deshalb früh aufstehen muss, d.h. schon um sechs Uhr. Sie hat jeden Tag 6 oder 7 Stunden. Ihre Lieblingsfächer sind Englisch und Chemie.
8. Es gibt 85% Ausländer an der Schule. In ihrer Klasse sprechen einige sehr viel Türkisch statt Deutsch.
9. Sie wollte einen Nebenjob haben, aber ihre Eltern wollen, dass sie eine gute Ausbildung bekommt.
10. Nach dem Abitur will sie eine Reise nach Brasilien machen. / Sie möchte Psychologie studieren. / Sie möchte für „Ärzte ohne Grenzen" arbeiten. / Sie möchte zwei Kinder haben. / Sie möchte unbedingt in Berlin wohnen.

AUFGABENBLATT 21
- Aufgabe während des Hörens: Nachricht 1: a R, b F – Nachricht 2: a F, b R – Nachricht 3: a R, b F
  A: Nachricht 2, B: Nachricht 3, C: Nachricht 1

AUFGABENBLATT 22
- Aufgabe vor dem Hören: z. B. e Championsleague, r Pokal, e Mannschaft, s Tor, r Torwart, s Stadion
- Aufgabe während des Hörens: 1 F, 2 R, 3 F, 4 F, 5 F, 6 F, 7 R, 8 R, 9 R, 10 R
- Aufgabe nach dem Hören: abhängig vom Kurs

AUFGABENBLATT 23
- Aufgabe während des Hörens:
  Text 1: 1. seit gestern Vormittag
  2. 1,78 m groß ■ schlank ■ hat dunkelblonde, mittellange Haare ■ trägt eine schwarze Skijacke und Trekkingschuhe ■ hat vielleicht einen hellblauen Rucksack bei sich

© Praxis

HÖR-MANAGER

Lösungen

Text 2 A: c, d, e, g, h
Text 2 B: a, f
in keinem der beiden Texte: b, i

AUFGABENBLATT 24
- Aufgabe vor dem Hören: abhängig vom Kurs
- Aufgabe während des Hörens: 1. b, 2 c, 3 b, 4 d, 5 a, 6 c, 7 d, 8 d, 9 a

AUFGABENBLATT 25
- Aufgabe vor dem Hören: abhängig vom Kurs
- Aufgabe während des Hörens: Karte A
- Aufgabe nach dem Hören: A, F, C, D, B, E, G

AUFGABENBLATT 26
- Aufgabe vor dem Hören: abhängig vom Kurs
- Aufgabe während des Hörens:

Ursachen: zu viel Kaffee, zu viele Zigaretten, ein hartes Bett, zu viel Lärm, zu viel Licht, Angst, Stress, Konflikte
Ratschläge: abends spazieren gehen, frische Luft im Schlafzimmer, ein dunkles Zimmer, ein Glas Wein,
        eine Flasche Bier oder ein Glas Milch mit Honig, leise Musik hören, Joga oder Meditationsübungen

- Aufgabe nach dem Hören: 1 g, 2 f, 3 a, 4 d, 5 c, 6 b, 7 e

AUFGABENBLATT 27
- Aufgabe vor dem Hören: abhängig vom Kurs
- Aufgabe während des Hörens:

Thomas: liebt Musikkonzerte und lange Spaziergänge / mag Kunst, Kultur, Reisen, Kneipe, Kino, 25,
    1.85 m groß, blaue Augen und blonde Haare
Partnerin soll sein: sportlich, schlank, belesen, humorvoll, sympathisch
Johanna: 28, 1.73 m groß, schwarze Haare und grüne Augen
Partner soll sein: Nichtraucher, sportlich, ziemlich groß, nicht älter als 35
Helena: 39, 1.70 m groß, blaugraue Augen und blondes Haar
Partner soll sein: ehrlich, warmherzig, humorvoll
Johannes: spielt Klavier, 29, 1.90 m groß, schlank, braune Augen und braune Haare
Partnerin soll sein: humorvoll, ein offenes Ohr für sein Klavierspielen haben
Angelika: unsportlich, 41, 1.70 m groß, schwarze Haare und blaue Augen, trinkt gerne Rotwein nach dem Kino
Partner soll sein: -

AUFGABENBLATT 28
- Aufgabe während des Hörens: 1 F, 2 F, 3 R, 4 F, 5 R, 6 F, 7 R, 8 F, 9 F, 10 R
- Aufgabe nach dem Hören:

Text 1: 1. Alter   2. verstorben   3. Lungenentzündung   4. geworden   5. Vitamine
         6. außerdem   7. ausgeglichener 8. noch   9. letzten   10. erblindet
Text 2: 1. beendet   2. umrundete   3. rettete   4. landete   5. startete
         6. benötigte   7. funkte   8. drohte   9. stellte – fest 10. hatte

AUFGABENBLATT 29
- Aufgabe vor dem Hören: 1 f, 2 d, 3 a, 4 e, 5 c, 6 b
- Aufgabe während des Hörens:
  1. a. Er ist Rechtsanwalt.   b. Sie ist Lehrerin in der Primarschule.
  2. Sie mag es, mit Kindern zu spielen.
  3. 15, 12
  4. a. Sie versteht sich mit ihrer Schwester gut, aber manchmal streiten sie.
     b. Sie streitet mit Jakob weniger als mit ihrer Schwester.
  5. Es macht ihr Spaß, Neues zu erfahren und sie ist ziemlich ehrgeizig.

© Praxis

HÖR-MANAGER

Lösungen

  6. Englisch, Französisch, Italienisch

  7. F   8. R   9. R   10. F   11. F

• Aufgabe nach dem Hören: abhängig vom Kurs

AUFGABENBLATT 30
• Aufgabe während des Hörens: 1 F, 2 F, 3 R, 4 R, 5 R
• Aufgabe nach dem Hören: abhängig vom Kurs

AUFGABENBLATT 31
• Aufgabe während des Hörens: Werbespot 1 – d   Werbespot 2 – e   Werbespot 3 – b
                                        Werbespot 4 a: R, b: R   Werbespot 5 a: F, b: F
• Aufgabe nach dem Hören: abhängig vom Kurs

AUFGABENBLATT 32
• Aufgabe vor dem Hören: abhängig vom Kurs
• Aufgabe während des Hörens:

  1. in Köln, 2001

  2. seit dem 1. November 2004

  3. ca. 100 Gäste

  4. die Kellner

  5. a. das Essen   b. persönlichen Kellner   c. absolut finsteren Raum – das Menü

  6. Weil es Lichtquellen sind, aber es soll im Restaurant keine Lichtquellen geben, sondern der Raum soll komplett dunkel sein.

  7. Nur sehr wenige, d.h. zwei oder drei von hundert Gästen.

  8. a. Sie sind sehr begeistert.   b. Einige kommen zurück / noch einmal.

• Aufgabe nach dem Hören: abhängig vom Kurs

AUFGABENBLATT 33
• Aufgabe während des Hörens: 1 R, 2 F, 3 R, 4 F, 5 R, 6 R, 7 R, 8 R, 9 F, 10 F

AUFGABENBLATT 34
• Aufgabe vor dem Hören:

  1. jd., der morgens gerne bis spät(er) schläft

  2. aufstehen müssen

  3. etw. wird [hier: terminlich] eng / problematisch

  4. etw. braucht viel Zeit

  5. heute (auch in der Bedeutung: in diesem Jahr)

  6. sich unterhalten, mit Freunden diskutieren

  7. wenn jd. gerne und (sehr) viel spricht / redet

  8. alle Aktivitäten, die man hat / ausübt organisieren (können)

• Aufgabe während des Hörens: 1 R, 2 R, 3 R, 4 R, 5 F, 6 R, 7 R, 8 R, 9 F, 10 F

AUFGABENBLATT 35
• Aufgabe vor dem Hören: abhängig vom Kurs
• Aufgabe während des Hörens:

  1. Weil er es nicht wichtig findet; er hat die Erfahrung gemacht hat, dass es für sein Leben draußen (auch) nicht wichtig ist.

  2. Er hat 15 Jahre als Mechaniker gearbeitet.

  3. Seine Firma hat 1993 Konkurs angemeldet.

  4. Ja, denn er hat über 50 Bewerbungen geschrieben, um eine neue Arbeit zu finden.

  5. a,   6. b,   7. b,   8. c,   9. c,   10. c

AUFGABENBLATT 36
• Aufgabe vor dem Hören: abhängig vom Kurs

© Praxis

HÖR-MANAGER — Lösungen

• Aufgabe während des Hörens:

A. Mario: extrem hoher Freizeitwert / im Winter schnell in den Bergen zum Snowboard fahren / im Sommer kann man sich in den Englischen Garten legen

Alex: nicht so groß (wie z. B. Berlin oder Hamburg) / es gibt deshalb nicht so viele Lokale und Bars wie anderswo / es gibt große Parks / eine grüne Stadt / Nähe zu Italien

Oliver: Lebensqualität hoch, denn es gibt viele (kulturelle Angebote) / sehr teuer

Björn: sehr sicher / sehr sauber / sehr teuer

Nadine: eine wunderschöne Stadt / es gibt Berge und Seen in der Nähe / sehr teuer

Anke: es ist die tollste Stadt

Nikole: ein wunderschöner ort mit Straßencafés / Gebirge in der Nähe / Seen sind wunderschön / man kann tolle Ausflüge machen / es ist teuer

Frau Frank: München war früher schöner und interessanter / das, was München früher schön und interessant gemacht hat, gibt es heute nicht mehr / es ist teuer / schön ist das Oktoberfest

B. Vorteile:
- extrem hoher Freizeitwert → im Winter Snowboard fahren
  → im Sommer im Englischen Garten liegen und ein Bier trinken
  → Stadt nicht so groß
- viele Parks / es ist eine grüne Stadt
- Berge und Seen in der Nähe
- nach Italien ist es nicht weit
- Lebensqualität hoch / es gibt viele (kulturelle) Angebote
- sehr sicher, sehr sauber
- es gibt Straßencafés
- man kann tolle Ausflüge machen
- das Oktoberfest

Nachteile:
- es ist nicht so viel los / es gibt nicht so viele Lokale und Bars wie in größeren Städten, z. B. Berlin und Hamburg
- es ist nicht mehr so schön wie früher / das, was München früher schön gemacht hat, gibt es nicht mehr / es ist sehr teuer

AUFGABENBLATT 37

• Aufgabe während des Hörens:

Nachricht 1
1. eine sprechende Plastikpuppe, die 1200 Wörter sprechen kann und 61 Euro kostet
2. Sie soll als Ersatz-Enkelkind dienen, denn in Japan werden die Menschen auf der einen Seite immer älter, auf der anderen Seite werden aber immer weniger Kinder geboren.
3. über 23.000 Menschen

Nachricht 2
1. ca. 500 Personen   2. für 120 Personen   3. Sie ist ohne größere Zwischenfälle verlaufen

Nachricht 3
1. sieben Personen
2. vier Menschen
3. die Ursache war zunächst unklar.
4. Er überstand den Unfall mit leichten Verletzungen.

• Aufgabe nach dem Hören:

Nachricht 1
1. sprechende   2. umgerechnet   3. Beispiel   4. verkaufen   5. froh   6. erfunden
7. weniger   8. Freude   9. besonders   10. gleichzeitig

Nachricht 3
1. Leben   2. verletzt   3. besetzte   4. frontal   5. im   6. am   7. stammende   8. leichten

© Praxis

HÖR-MANAGER

Lösungen

AUFGABENBLATT 38
- Aufgabe während des Hörens: 1 b, 2 b, 3 a, 4 b, 5 b, 6 b, 7 c, 8b, 9 a
- Aufgabe nach dem Hören: abhängig vom Kurs

AUFGABENBLATT 39
- Aufgabe vor dem Hören: Lösungen laut Wörterbuch
- Aufgabe während des Hörens:
  1. in Westberlin, in der Blissestraße, in der Nähe vom Bundesplatz, im Bezirk Wilmersdorf, südlich vom Bahnhof Zoo
  2. eine Waschmaschine, einen Fernseher
  3. Wohnzimmer, das Schlafzimmer
  4. grün, blau
  5. Fenster
  6. 450
  7. 32, Zentralheizung
  8. Balkon
  9. Ende November
  10. Nachbarin

- Aufgabe nach dem Hörens: abhängig vom Kurs

AUFGABENBLATT 40
- Aufgabe während des Hörens:

A.
1. Zahnärzte	2. Friseur	3. Kellner und Köche	4. Dachdecker
5. Models	6. Englischlehrer	7. Übersetzer	8. Putzfrau
9. Redakteurin	10. Telefonistin		

	wer?	(ab) wann?	wo?	Gehalt?	Sonstiges?
1			Beispiel		
2	Friseur	—	—	—	in einem kreativen Team arbeiten
3	Kellner und Köche	Sommersaison	Pizzabäcker Café *Am neuen See*	—	Bewerber sollen jung sein
4	Dachdecker	—	—	—	sollte eine abgeschlossene Ausbildung und Erfahrung haben
5	männliche und weibliche Models zw. 18-40 Jahre alt	—	—	—	für langfristige Zusammenarbeit
6	Englischlehrer	—	in einer privaten Sprachschule	—	für 22 Std/Woche; PKW erforderlich
7	Übersetzer	—	—	—	Übersetzung medizinischer Fachartikel; Englisch als Muttersprache; medizinische Ausbildung
8	Putzfrau	ab 1. Oktober	für ein Büro	—	—
9	Redakteurin	ab 15.10.	bei der Frauenzeitschrift *bella*	—	—
10	Telefonistin	ab sofort	in einer Kanzlei	—	für 30 Std/Woche

© Praxis

HÖR-MANAGER

Lösungen

AUFGABENBLATT 41

- Aufgabe während des Hörens:

	Beruf	Was ist positiv?	Was ist negativ?
Markus Dittrich	Altenpfleger	die Menschen, mit denen er arbeitet, sind dankbar	• manchmal viel Stress und Ärger • manchmal 12 Tage am Stück arbeiten • größtes Problem: nicht so viel Zeit für die Bewohner
Angelika Jirschik	Bibliothekarin	• heutzutage ein moderner Beruf • man ist durch das Internet mit aller Welt verbunden und das macht die Arbeit abwechslungsreich • viel Kontakt mit anderen Menschen • die Arbeit erweitert ihre Allgemeinbildung	
Christina Horst	Friseurin	• neue Frisuren zu erfinden und interessante Frisuren nachzuahmen • mit Menschen zusammenzuarbeiten • der Kontakt zu Kunden und die individuelle Beratung • ein schönes Gefühl, wenn der Kunde zufrieden ist	
Stephan Sigg	Schriftsteller	• Geschichten zu erfinden und Bücher zu veröffentlichen • bei Lesungen über die Geschichten mit den Zuhörern diskutieren	• man verbringt viel Zeit vor dem Computer, weshalb man wenig Kontakt zu anderen Menschen hat und sich manchmal etwas einsam fühlt • keine festen Arbeitszeiten – man braucht viel Disziplin, um die Arbeit zu schaffen • in der Schweiz gibt es wenige Stipendien und Literaturpreise, weshalb es schwer ist, als Schriftsteller bekannt zu werden
Markus Weig	Referendar (Lehrer)	• er ist im Großen und Ganzen zufrieden mit seinem Beruf	• er unterrichtet Mathematik, aber er macht die Erfahrung, dass viele Schüler Angst vor diesem Fach haben und deshalb ist er nicht immer motiviert • die Bewertung seiner Arbeit durch Betreuungslehrer

- Aufgabe nach dem Hören: abhängig vom Kurs

AUFGABENBLATT 42

- Aufgabe vor dem Hören: in der Nordsee, in der Deutschen Bucht
- Aufgabe während des Hörens:

A.
1. in der Nordsee
2. die Hauptinsel 1,0 km² und die Düneninsel 0,7 km²
3. ca. 1500 Menschen
4. bis zu 7000 Tagesbesucher

HÖR-MANAGER   Lösungen

5. weil man dort zollfrei einkaufen kann
6. Kneipen, Diskos, Inselfeste in den Sommermonaten
7. sie geht nur bis zur 10. Klasse
8. Die Vogelwarte: Das ist ein Institut für Vogelforschung.
9. z. B. mit dem Hochgeschwindigkeitskatamaran von Hamburg aus (3,5 Stunden Fahrzeit)

B. 1. besteht 2. auf 3. Sommer 4. Teil 5. meisten
    6. einkaufen 7. Strände 8. Meer 9. Natur 10. Kneipen
    11. Schüler 12. im 13. Möglichkeiten 14. fahren 15. Nordsee

• Aufgabe nach dem Hören: abhängig vom Kurs

AUFGABENBLATT 43
• Aufgabe vor dem Hören: abhängig vom Kurs
• Aufgabe während des Hörens:
1. ist die Hauptstadt Österreichs; eine der größten und schönsten Städte Mitteleuropas; hat ca. 1, 7 Millionen Einwohner; liegt ca. 50 km von Bratislava
2. war lange Zeit die Hauptstadt des österreichischen Königreiches; seit Ende des Ersten Weltkrieges kulturelles und wirtschaftliches Zentrum; die Innenstadt ist UNESCO-Weltkulturerbe
3. ist Wiens Prachtstraße, an der u. a. die Staatsoper, das Parlament und die Universität liegen
4. ist ein gotischer Dom mitten in der Stadt; wurde 1945 im Zweiten Weltkrieg zerstört und später wieder aufgebaut
5. ein Vergnügungspark mit einem 65 m hohen Riesenrad, der Liliputbahn, Geisterbahnen und Schießbuden
6. dort kann man gemütliche Spaziergänge machen; einmal im Jahr findet das „Donauinselfest" – ein riesiges Open-Air-Festival – statt
7. Mozart, Beethoven, Schubert und Johann Strauß haben z. B. hier gelebt
8. der Chor wurde 1498 gegründet; hat ein umfangreiches Repertoire: von der Renaissance bis zu Kompositionen des 20. Jahrhunderts, hat ca. 150 Jungen im Alter von 10-14 Jahren

AUFGABENBLATT 44
• Aufgabe vor dem Hören:
1. abhängig vom Kurs
2. 1 g, 2 d, 3 b, 4 h, 5 f, 6 e, 7 c, 8 a
• Aufgabe während des Hörens: 1 c, 2 a, 3 c, 4 b, 5 a, 6 a
• Aufgabe nach dem Hören: 1. kümmern 2. nachts 3. warten 4. zählt 5. sank 6. breit 7. kämpfen

AUFGABENBLATT 45
• Aufgabe vor dem Hören: abhängig vom Kurs
• Aufgabe während des Hörens:
1. mit 12 Jahren
2. a. 40 Euro
2. b. ein halbes Päckchen
3. durch ihren ersten Freund
4. Sie fand immer wieder Zigarettenschachteln in Sabines Taschen.
5. Sie sagte, dass es die Zigaretten einer Freundin seien.
6. Weil ihre Mutter meint, dass Verbote nichts helfen.
7. Es gehört Sabines Meinung nach irgendwie dazu, denn es schafft eine besondere Atmosphäre.

• Aufgabe nach dem Hören: abhängig vom Kurs

© Praxis

Bildquellennachweis

S. 10, 13, 15, 17, 21, 22, 25, 27, 28, 29, 30, 31, 34, 37, 38, 39, 41, 42, 44, 45, 46, 48, 49, 50, 54, 55, 57, 58, 59, 60, 61, 65, 68, 73, 74, 76: Fotolia – S. 8, 9, 11, 12, 14, 16, 17, 19, 20, 22, 24, 28, 30, 32, 34, 35, 36, 38, 41, 49, 53, 55, 56, 63, 68, 69, 71, 72, 73, 77: Pixelio – S. 25, 28, 33, 35, 55, 66, 68, 71, 73: Praxis – S. 10: Langenscheidt „Berliner Platz" – S. 27, 47: Langenscheidt „sowieso"